振りきった、生ききった

「一発長打の大島くん」の負くっか人生

大島康徳
Ohshima Yasunori

東京新聞

ファンから「一発長打の大島くん」の愛称で親しまれた

プロ3年目で一軍デビュー。水原監督（後方）の期待も大きかった

豪快なスイングがトレードマーク

日本ハムに移籍、44歳まで現役を続ける

引退試合に招待した家族とともに

新聞連載のためのポスター撮影で笑顔。２０２０年10月28日撮影

ごあいさつ

夫、大島康徳が亡くなったのは、二〇二一年六月三十日のことでした。

大腸がんで手術をしてから四年半、闘病を続けてきましたが、残念ながら、延期された東京五輪を見ることなく、帰らぬ人となりました。

亡くなるまでの半年、夫が楽しみにしていたのが、二一年四月に中日新聞・東京新聞で始まった自伝連載「この道」の執筆でした。夫は自分のブログで闘病の様子を記し、野球の話を載せてきましたが、やはり、新聞に書くことは、何よりの喜びだったようで、日々、生き生きとしておりました。充実した毎日だったと思います。

その連載が今回、書籍になってまとめられました。本人も病床で本になると聞いて、完成を楽しみにしておりました。あらためて、本書を世に送り出してくれた皆さまに感謝申し上げます。

ここに書かれているのは、夫の野球人生であり、私たち夫婦ががんと闘った日々でもあります。本書が少しでも読者の皆さまのお役に立てることを祈ってやみません。

二〇二一年七月　大島康徳内　奈保美

負くっか人生

皆さん、こんにちは。大島です。

初めましての方もいると思うので、まずは自己紹介から始めましょう。

解説者としてご存じの方が多いかもしれませんが、元プロ野球選手です。年配の野球ファンの方には今でも「中日ドラゴンズの大島」「一発長打の大島くん」と呼ばれます。もう何十年も前のことなのに、ありがたいことですね。

二〇二〇年十月に古希を迎えましたが、今でも思い出すのはドラゴンズにいた時のことです。一九七四年は与那嶺《よなみね》要監督の下で二十年ぶりの優勝を飾りました。八二年は近藤貞雄監督に導かれ、頂点に立ちました。星野仙一さん、高木守道さんにマーチン……。多くの人たちと力を合わせて戦ったのが昨日のようです。八三年には初めての個人タイトル、本塁打王を獲得することもできました。


プロ野球は厳しい世界です。勝負に勝つのはいっときで、うまくいかなかったことの方が多かったように思います。でも、僕はその都度、「終わったことをいつまでも悩んでも、しゃあない」と切り替えるようにしてきました。

だから、がんにも同じように向き合えたのかなと思います。

二〇一六年秋に大腸がんを患い、ステージ4であることを告げられました。このとき、医者から言われていたのは「余命一年」でした。しかし、あれから四年以上たつ今でも、治療以外、ほとんど以前と変わらぬ生活をしています。

なってしまったものはしょうがないじゃんという感じ。よし、それじゃ、がんと共存してやろう、がんなんかに負けていられるかと考えています。

病気になったからおとなしくしているという考え方は、僕は好きではありません。現役時代は「バットを振りきること」、がんになってからは「生ききること」を考えてきました。とにかく、そのときそのときを全力でやればそれでいいと思うんです。

思い返せば、僕の人生は「負けてたまるか」の連続でした。故郷の大分では「負くっか」と言いますが、今は「コロナに負くっか！」「がんに負くっか！」です。では、そろそろ、僕の人生を振り返っていくことにいたしましょう。

目次

第3章　ファイターズ移籍──集大成、そして監督に

第4章　WBCで世界一

第5章　がんと共に生きて

振りきった、生ききった

「一発長打の大島くん」の負くっか人生

※本書は、二〇二一年四月一日から七月十六日まで中日新聞・東京新聞で連載した「この道　大島康徳」に、紙面の都合で掲載できなかった部分などを収録して再構成したものです。連載終盤でお亡くなりになった著者の生前のご意向を受け、まとめました。

第1章　少年時代

やんちゃ

僕は一九五〇年十月十六日、大分県中津市で生まれました。体重は３０００グラム以上あったそうなので、小さい方ではなかったと思います。三人きょうだいの末っ子で、一番上が姉の和子《かずこ》、次が兄の隆《たかし》です。普通に兄弟ゲンカもしましたが、仲は良かった方ではないでしょうか。

小さい頃は、中津の海沿いに住んでいました。木造平屋の家で、家のそばに大きな銀杏の木があったことを覚えています。アオダイショウが木から落ちてきたこともありました。よくいえば自然豊かな、悪くいえば何もないような田舎で育ちました。

父・幸治《ゆきはる》は国鉄（現ＪＲ）で働いていました。戦時中は南満州鉄道にいて、引き揚げてきたと聞きましたが、詳しくは聞いたことがありません。もの静かで子どもの教育には口を出さない人でしたね。母・ナミ子も優しい人で、父同様に怒られた記憶もありません。

その代わり、周りの大人にはよく叱られました。

僕は小さい頃から元気があまっていて、やりすぎてしまうこともしばしばでした。

当時の遊び場といったら、山や川や海。そういう野山で遊んでいると勢い余って、よくけがをする友だちがいたんです。頭ぶつけたとか、腕を折ってしまったとか。そういう場には必ず僕がいたので、主犯格のように思われていたんですね。

今と違って、よその家の子でも平気で怒っていた時代です。言葉は悪いですが、「このクソガキが！」と時にはげんこつをもらうこともありました。あの頃の僕はいわゆる、やんちゃな子。幼稚園も一日行ってやめたそうです。ハハハ。よっぽど暴れん坊だったんですね。

今津小学校に行っても、変わりませんでした。勉強は大嫌い。授業が始まっても最初の十五分くらいは必ず正座をしていました。何でかって？　川に落ちてずぶぬれだったり、チャイムが鳴っても席につかなかったからです。とにかくじっとしていなくて、先生を困らせたようです。

記憶をたどると、低学年まで運動神経はよくなかったと思うんです。小学生時代のあだ名は「牛肉」。鉄棒をやるときにだらーんとぶら下がってるだけだったからです。「牛肉」なんて、失礼なあだ名ですよね。

しかし、毎日、野山を駆け回っていたからでしょうか。小学五年生の運動会の駆けっこで、クラスで一番足の速い子を抜いたのです。足が速いと学校ではヒーローですよね。大島くん、目立つ快感に目覚めた瞬間でした。

両親

ここで僕の両親について、少し補足しておきましょう。

父はもの静かな人と書きましたが、スポーツとはあまり縁がなかったようですね。父が何かスポーツをやっているところは見たことはありませんでした。

そうそう。スポーツかどうかわかりませんが、僕を競輪場に連れて行ってくれたことはありました。普通は子どもを連れて行くというと、動物園とか遊園地なのに、すごい父親でしょ？　賭け事は好きだったようで、僕が時折見せる勘の鋭さは父親譲りかもしれません。

一方、母はどういうわけか、僕をプロ野球のキャンプに連れて行ってくれました。それも何と中日ドラゴンズのキャンプです。中日は一九六〇年から四年間、大分県で春季キャンプを張っていたんです。

別府球場だったか、大分球場だったかは忘れましたが、僕が小学生のとき、母がキャンプの見学に連れて行ってくれたんです。「あれが板東（英二）さんだよ、あれが誰々だよ」って言っててね。

子ども心にプロ野球選手って大きいな、すごい球を投げるなと感心したのを覚えています。今思うと運命的な出会いを感じるのですが、このときはまさか、何年後かにこのチームに入るなんて思ってもみませんでした。

どうやら、母は兄か僕のどちらかにプロ野球選手になってもらいたかったようです。僕がドラフトにかかったときも、母が少しかかわってくるのですが、それはまた後ほどお話ししましょう。

この頃のプロ野球は、巨人や南海、西鉄といったチームが強く、人気があったと記憶しています。プロ野球はちょうど僕が生まれた一九五〇年に2リーグに分立。国民的娯楽になっていきました。九州は野球が盛んな地域でもあります。近所の友達も野球ファンで、僕は阪神と南海が好きだったのを覚えています。

それでも、僕が野球をするようになるにはもうしばらくの時間が必要でした。思春期の僕には、野球よりも優先したいことがあったのでした。

引っ張りだこ

今津中学校に入ると、部活に入ろうと思いました。選んだのはテニス部です。理由は、

相撲にも駆り出された中学時代（後列左）

かわいい女子とスポーツを楽しみたいから――。そうです。思春期によくある、不純な動機でした。

テニス部では一年生の終わりごろには試合に出られるようになりました。体が大きく、一年生で身長が170センチ以上ありましたから、ダブルスなどで僕が前衛をやると、楽に上から打ち込めました。だから、「テニスは簡単すぎるかな」と次第につまらなくなりました。

そんなとき、一つ上の先輩から「バレーボールをやらないか」と誘われました。僕はこれに飛び付きました。折しも、この年は一九六四年。東京五輪の年でした。日本女子代表の東洋の魔女たちが金メダルを取る姿をテレビで見て、「カッコイイ！」と心が躍りました。

二年になると、身長は177センチに伸びました。スパイクもガンガン決まるようになり、「今津中に大島あり」と言われるようになりました。この頃の夢は「五輪に出て、金メダルをもらうこと」。毎日が充実していました。

ところで、中学校では運動神経の良い生徒が他の部の大会に駆り出されることがありますよね。僕もそうでした。やったことがない陸上の砲丸投げに出て優勝したこともあります。しかし、相撲には閉口しました。

中津市は双葉山の出身地・宇佐市に近く、相撲が盛んな土地。地元の大会に駆り出され、個人優勝したことがあるんです。その大会を見に来ていたのが、中津工業高校の相撲部の監督でした。

「君、相撲をやらないか」と言うのです。僕は裸になるのも、まわし姿を見られるのも恥ずかしかったので、相撲部に入るつもりはありませんでした。

それでも、熱心に勧誘してくれたので一度だけ稽古を見に行くことにしました。すると、竹刀でたたかれるわ、塩をかぶせられるわ。今だったら問題になるような、厳しい稽古なんです。怖くなって丁重にお断りしましたが、人生とは分からないものですね。この相撲部の監督が僕と野球を結び付けるのです。

野球部に入る

相撲部からのお誘いはお断りしました。しかし、今度は同じ中津工業高校の野球部の監督が「野球をやらないか」というのです。

どうやら、相撲部の監督が「今津中のバレーボール部に足腰が強くて面白いヤツがいる。うちは断られたが、野球部にどうだ」と推薦したようでした。

僕は嫌だと言ったんです。野球はやったこともないし、将来は学校の先生になって、バレーボールで五輪に出場するのが夢でした。そのために東京教育大（現筑波大）に行きたいと思っていました。

しかし、野球部の小林昭正監督は東京教育大の卒業生という人を連れてきて、「うちに入るのは難しいぞ。野球部に入った方がいいんじゃないか」と説得にきました。後で聞いたら、その人は教育大の出身者じゃなかったというから、もう詐欺ですよね。その後も小林監督は何回も僕のところにやってきました。

小林監督は立命館大の野球部出身。阪神の吉田義男さんと同期だったそうです。このときは郷里の大分に戻って、中津工の野球部の監督をしていましたが、何をするにも熱心な方で、このときも熱烈なアプローチが続きました。

そんなある日のことです。小林監督が僕の留守中に家に来て、野球のグラブとスパイクを置いて帰ったことがありました。

それまで僕は学校の備品の汚くてぼろぼろのグラブしか見たことがありませんでした。しかし、家にあるのはピカピカの新品。よく見ようと顔の近くに持っていくと、何とも言えない良い革の匂いがするのです。「革のグラブってこんなにいい匂いがするんだ」と驚きました。

スパイクも同じでした。野球のスパイクは履いたことがなかったのですが、靴裏に金属の刃が付いており、カッコイイ。校庭で履いてみると、ざくっと土に刺さる感触が心地よい。このとき、「野球をやってもいいかな」という思いが芽生えました。

結局、僕はグラブとスパイクにつられて野球部に入りました。女の子と一緒にいたいとテニスを始めたように、野球を始めたきっかけも不純なものでした。

ハロー・グッバイ

一九六六年、僕は中津工業高校に入学。野球部に入りました。野球部は県外からも選手

高校時代のマウンドでの力投

が来るほどで、部員は百名を超えていました。こんなところで初心者が生き残れるのか。不安でした。

ところが、不思議なことが起きます。入部直後、四国の宇和島（愛媛県）で行われる遠征試合に出ろというのです。一年生は僕ともう一人だけ。大抜てきです。キャッチボールすら満足にできないのに船に揺られて、四国に行きました。

小林監督は僕に「投手をやれ」と命じます。言われるがままに投げましたが、案の定、めった打ちです。当然ですよね。野球をやったことがないんですから。それでも、小林監督はその後も僕を試合で使い続けてくれました。

その頃の僕はどうしようもない男でし

た。練習が嫌いで「ハロー・グッバイ」と呼ばれていました。どうしてかって？「こんにちは」と練習場に来ても、すぐに「さようなら」と帰ってしまうからです。だって、練習は走ってばかり。しかも、上下関係も厳しく、先輩から意味もなく正座をさせられるのです。そういうのがたまらなく嫌でした。入部して一週間で一年生は五十人くらいは辞めたはずです。

お昼休みも、下級生はグラウンドでトンボがけですからね。「制服の下にユニホームを着ておけ」と言われるんです。すぐにグラウンドに出られるようにってね。そういうのが嫌で嫌で、普段は絶対にしない教室の掃除をしてみたり、いかに遅くグラウンドに出るかを考えていました。要するに、体育会系のノリが好きではなかったんですね。

それでも、監督の期待を裏切るわけにはいきません。こっそり陰では練習をしていました。そのかいあってか、二年生の夏、急に球が速くなったのです。

どういうわけか指に引っ掛かって、スピンの効いたボールが投げられるようになったんです。あまりに速すぎてキャッチャーミットの網が破けたほどです。小林監督は「これで甲子園に行ける！」って叫びました。

しかし、好調が続かないのが、僕の人生。球が速かったのは四日間だけ。その後は普通の投手に戻り、結局、三年間で甲子園に出場することはできませんでした。

本当にあれは何だったんだろう？　今でも不思議です。

打者としてはそれなりに打ったと思います。

高校通算ホームランが何本とか、そういう数字的なものは覚えていないのですが、僕のピッチャーライナーを後輩がまともに受けて、骨折したことがありました。それくらい僕の打球は速くて、遠くまで飛んだのです。

小林監督からは「バレーボールをやっていたので、手首の力が強いんだ」と言われました。僕を投打で抜てきしてくれたのは、そういう見立てがあったからだそうです。

そして、その見立ては僕の人生を左右することになりました。

三年生の大分県春季大会の大分商戦。相手投手は島崎基滋《もとじ》君でした。後にプロ野球の阪急に入る逸材ですが、彼から特大の場外ホームランを打ちました。

今でもはっきりと覚えているのですが、我ながらあのホームランはよく飛びました。「逸材がナンボのもんじゃい！」と張り切ったからですが、まさか、このホームランが自分の将来を決めることになるとは思いもしませんでした。

ドラフト指名

ドラゴンズに入団が決まり、東方球団担当（右）に激励される

高校三年生の秋になりました。僕は、そろそろ、卒業後の進路について考えなくてはいけなくなりました。

先輩には東京の企業に勤めながら野球を続けている人がいました。いわゆる、社会人野球ですね。漠然とですが、僕も先輩たちのように、企業の試験を受けようかなと考えていました。

そんなときです。びっくりするニュースが飛び込んできたのは。ドラゴンズが僕をドラフト会議で指名したというのです。一九六八年十一月十二日。第四回ドラフト会議での出来事でした。

驚きました。だって、野球を始めて二年半ですよ。ドラフトで指名されるとは夢にも思っていません。後で大分商戦で放った場外ホームランをスカウトが見ていたと聞きましたが、何かの間違いじゃないかとしか思えませんでした。

　だから、どうやって電話があって、どうやってドラゴンズから指名を受けたのか、まるで思い出せないんです。よく、青天の霹靂《へきれき》といいますよね。本当にそんな感じでした。ただ、「そういえば……」と、思い当たる節もありました。ドラフトの少し前に「大学のセレクションを受けないか」と言われて、名古屋に行っているんです。愛知学院大でした。今思うと、ドラゴンズは指名に迷っていて、最後の確認をしたかったのでしょう。

　僕に用意されたのは打撃練習です。それほど意欲があったわけではないのですが、相手の投手がやたら速い球を投げてくる。それで持ち前の負けん気に火が付きました。「練習でこんな速い球を投げやがって。負けるもんか」とガンガン打つと、場外弾の連発になりました。それを当時、中日でコーチをしていた本多逸郎さんが見ていたようで、指名が確定したそうです。３位指名でした。

　驚いたのは、母親が「行かないでくれ」と言ったことでした。後で詳しく述べますが、家に来たスカウトに一度断りを入れたようです。僕も野球で生きていく自信がなく、迷っていました。

　すると、普段は無口な父がこう言ったのです。

「おまえ一人なら、飯が食えるやろ」

家のことは考えなくて良いから、好きに生きろ。父がそう言ってくれたように聞こえました。この言葉で僕は決心しました。「プロに行く。野球選手になる」。そう母親を説得し、ドラゴンズにお世話になることに決めました。

担当記者コラム① 野球カードになりたくて

いつも元気で明るかった。とてもがんで余命一年と宣告された人とは思えなかった。「新聞の連載？　いいですよ、やりますよ。野球の話、がんの話、しましょうよ」

二〇二〇年秋、「この道」の執筆をお願いした際、二つ返事でOKをくれた元気な声を思い出す。

思えば、大島さんとは二十年来の付き合いになる。大島さんが日本ハムの監督に就任した二〇〇〇年に番記者として取材。その後、大島さんが東京中日スポーツ（中日スポーツ）の評論家になってからも、たびたび、話を伺った。

誰もが言うが、本当に大島さんが落ち込んでいる姿を見たことがない。「この道」の打ち合わせのときには、深刻な話も明るく話してくれた。「最近、前歯が全部抜けちゃってね。赤ちゃんならかわいいけど、七十歳のおじいちゃんだと怖いんよ、鏡に映った顔が」

そして、野球の話をするときは、いつも少年のように目を輝かせていたのが印象的だった。

子どもの頃、名古屋に住んでいた記者にとって、大島さんはあこがれのスター。大島さんが大活躍した伝説の試合、一九八二年九月二十八日の巨人戦はラジオにかじりついて聞いていた。記者は当時中学生だった。

　もちろん、板東英二さんが歌って大ヒットした「燃えよドラゴンズ！」も覚えている。歌詞の中で大島さんは「一発長打の大島くん」と歌われていた。

　あるとき、大島さんに「一発長打の大島くんという愛称、どう思ってました？」と聞いたことがある。すると、「一発長打って何やねん！　レギュラーの方がええやろって思っていましたね」と意外な答えが返ってきた。

「一発屋よりも三番、四番になりたいに決まってるじゃないですか。だから、レギュラーになりたいって練習したんです。今、思えばあの歌の愛称があったから、頑張れたのかもしれません。今では感謝しているんですよ」

　有名な愛称に隠されたエピソードを教えてくれた。

　もう一つ、意外なものが原動力になったという。

「お菓子のおまけでプロ野球カードというのがあるでしょ？　プロ野球チップスに入っている。あのカードになりたくて頑張ったなぁ。だって、ファンに認められた選手が載るわけじゃないですか。だから、自分がカードになったときには本当にうれしかったですよ」

　プロ野球カードに載りたくて奮起するなんて、子どものようで微笑ましかった。

3人きょうだいの末っ子だった（中）。上が姉・和子、左が兄・隆

第2章　ドラゴンズ入団

——プロ野球選手として

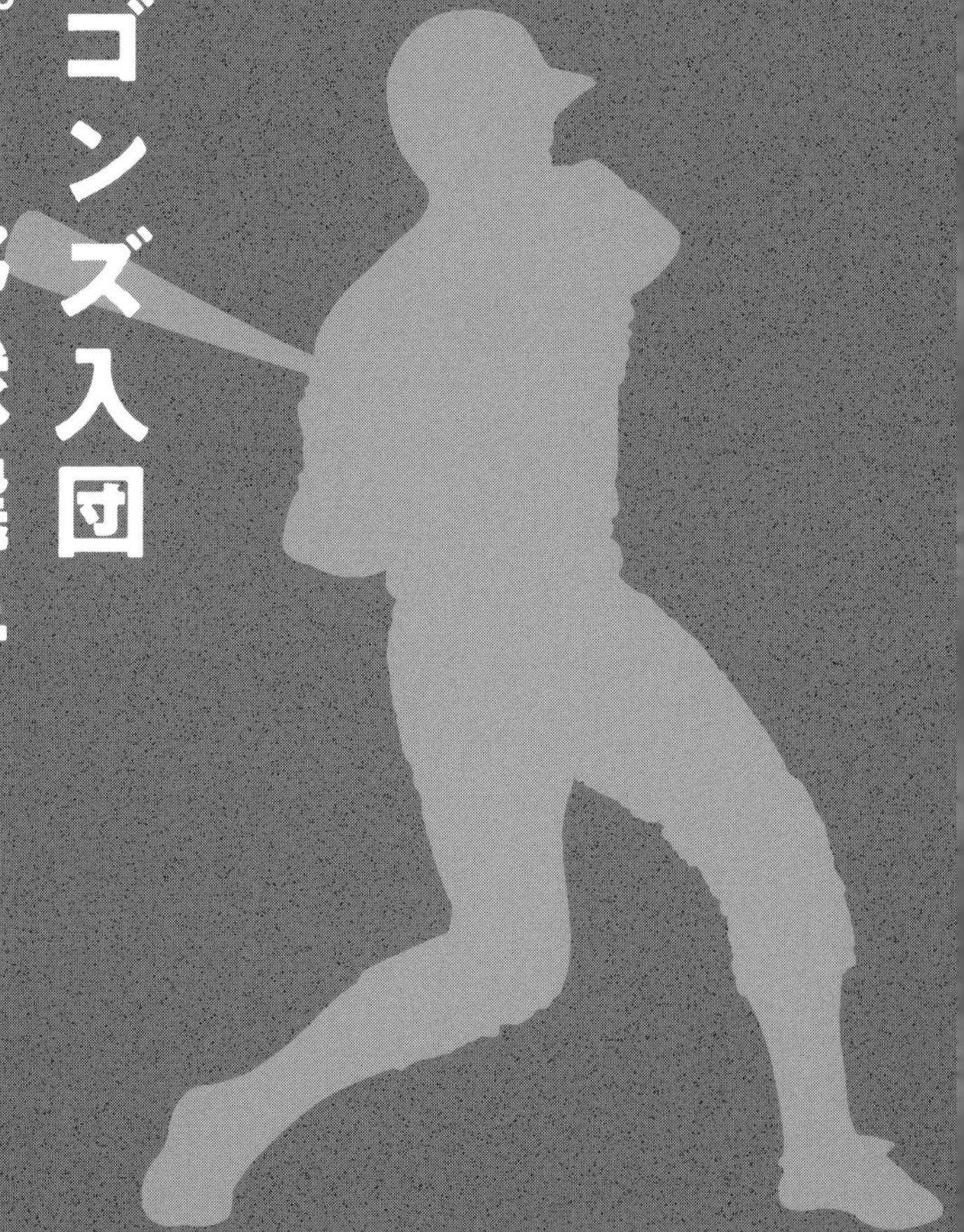

夜明けの入寮

年が明けた一九六九年一月。僕は中津駅から夜行列車に乗りました。目指すは名古屋です。小倉までは姉が付き添ってくれ、「頑張っておいで」と優しく送り出してくれました。ここでこの年の新人について、記しておきましょうか。六八年の第四回ドラフト会議というのは十年に一度の大豊作と言われ、大いに話題になりました。

ドラフト1位を見てみましょう。

中日が星野仙一さん、広島が山本浩二さん、阪神が田淵幸一さん、阪急が山田久志さん、東京（現ロッテ）が有藤通世《みちよ》さん、西鉄（現西武）が東尾修君、南海（現ソフトバンク）が富田勝さん。

どうです。すごいメンバーでしょう。田淵さん、山本さん、富田さんは法政大出身で「法政三羽ガラス」と言われていましたね。こんな人たちと戦うなんて、絶対無理と思ったものです。

ちなみにドラゴンズは1位が星野さん、2位が水谷則博君。3位が僕で、他にも9位に島谷金二さんがいました。

名古屋に着いたのは朝四時半ごろでした。冬なので、辺りは真っ暗です。タクシーに乗ると、目的地を告げ、あとはツンと澄ました顔をしていました。友人から「都会は怖いぞ。生き馬の目を抜くようなところだから油断するな」と脅されていたからです。田舎者だとバレないように必死でした。

中村区の合宿所に着いたのは五時ごろでした。しかし、悲しいかな、緊張でコチコチなので、寮のドアをノックできません。ずっと寮の入り口に立って、誰かが出てくるのを待っていました。

勇気がない？　そうです。今だから白状しますが、僕は生来、緊張しやすく、怖がりなんです。だから、それを隠すようにぶっきらぼうを装ったり、強がったりしてきました。早朝に他人をたたき起こすなんて絶対にできません。

随分たって、寮母さんが起きてきて、「あらあら、どうしたの？　呼び鈴を押せば良かったのに」と驚いていました。僕は「大島です。今日からお世話になります」と言うのが精いっぱいでした。

ドラゴンズ

合宿所の呼び鈴が押せないのも当然です。あの頃は人と話すのが大の苦手でした。高校時代のあだ名は「トリス」。ウイスキーで「トリス」というのがあるでしょう。人前に出るとお酒を飲んだように真っ赤になるからでした。

今、この話をしても信じてもらえないのですが、当時はすぐに緊張して真っ赤になる純朴な青年だったんです。

高校時代、何度か野球部の小林監督のお宅に食事に呼ばれたことがありました。行かなかったら怒られるので家までは行くのですが、どうしてもドアをノックできない。だから、着いて何分か家の前にいて、アリバイだけ作ってすぐに帰るんです。翌日、監督には「ノックしましたが、返事がありませんでした」って嘘の言い訳をしてね。それくらい恥ずかしがり屋だったんです。

だから、中日の合宿所に入っても同期と話すのが恥ずかしいやら、怖いやらで、ドキドキしていました。

何しろ、僕は高校の三年間しか野球をやっていません。地方ならともかく、中央の野球

合宿所生活をしていた頃。新聞掲載用の書き込みの跡がある

界に知り合いはほとんどおらず、同期の顔も知りませんでした。

唯一知っていたのが、星野仙一さんです。でも、印象は最悪でした。以前、たまたま、東京六大学野球の試合をテレビで見ていたら、怒ってマウンドから降りてきて打者を追いかけ回している人がいるんです。「東京には恐ろしい人がいるな」。それが星野さんでした。同期といっても、星野さんは大卒なので僕より四歳年上です。当時は痩せていて、ダンボみたいな耳していて、顔つきからして怖かったんです。同期というより先輩で、仲良くなったのはしばらくしてからでした。

同期だけではありません。他の選手たちもよく知りませんでした。チームで顔と名前が一致するのは、水原茂監督と江藤慎一さんくらい。自分はここでやっていけるのだろうか。その後、十九年間もお世話になるドラゴンズでの生活は、こうした不安とともに始まりました。

投手失格

一九六九年二月一日。プロ初のキャンプは兵庫県の明石でした。当時の中日は新人も全員一軍キャンプに呼ばれたのですが、日にちがたつに連れて、ふるいにかけられ、脱落していく形式でした。

残念ながらというか、案の定というか、僕はすぐに名古屋に戻されて、地元で練習再開です。そのとき、その後の人生を左右する出来事が起きました。

高校時代は投手で四番。投げても打ってもチームの主力でした。ドラフトでも投手指名でしたが、あっけなく打者に専念することになるのです。

トレーニングコーチに塚田直和さんという人がいました。この塚田さんが「コイツはバネもすごいし、手首の力も強い。投手でいけるんじゃないか」と言ってくれて、合宿所でテストされることになったのです。

当時の中日の投手コーチは長谷川良平さんでした。その日、長谷川コーチは僕の投球を一球見るなり、「ダメ」。投手失格を宣言したのです。

「えっ？　たった一球見て、ダメってどういうこと？」。さすがに腹が立ちましたが、一軍の投手コーチに不合格にされたら、そこから先には進めません。それがプロの世界でした。

僕はプロ野球を目指していなかったのでよく知りませんでしたが、長谷川さんといえば、広島カープで１９７勝を挙げた大投手。小柄な体格で快速球を投げることから、「小さな大投手」と呼ばれていました。その長谷川さんがひと目でダメだというなら、何か理由があったのでしょう。こうして僕は、打者に専念することになりました。

もし、投手だったら？　今なら無理だったと言えますね。一年目に一軍の練習に呼ばれたことがあるんです。打撃練習用の投手が不足して、「大島、おまえ、投手をやっていたんだろ。手伝ってくれ」というんです。その頃の一軍は江藤慎一さんや高木守道さん、中利夫さんら。僕は「ボールが滑って、デッドボールになったらどうしよう」と怖くなり、ストライクが入りませんでした。度胸なしの恐がりは、やはり投手には向いていなかったんでしょうね。

ユニホーム事件

二軍で打者に専念することになった僕ですが、忘れられない恩人がいます。二軍監督だった本多逸郎さん。僕の原点を作ってくれた人でした。

一九五四年の球団初の日本一メンバーの一人で、若い頃はルックスの良さから大変な人気があったそうです。グラウンドでは、ああしなさい、こうしなさいとは言わず、「とにかく、バットを振りなさい」。それでいて、僕をずっと四番で使い続けてくれました。

何度も言いますが、僕は三年間しか野球をやっていません。「なんであんなヤツを四番に」と文句を言う先輩たちもいました。その人たちを納得させるには結果を出すしかありません。「監督のために」と懸命にバットを振りました。

そんな本多さんですが、私生活や野球に対する姿勢には厳しい人でした。「門限を破るな」「酒は飲むな」「たばこは吸うな」「社会人として自己管理をしっかりしろ」。こちらはまだ十八歳。血気盛んな頃ですから、よく違反しては叱られていました。

大げんかしたこともありました。

遠征先でのことです。試合を終えて宿舎に帰ってきて、ゲームの反省をさせられていま

一九七一年のジュニアオールスターゲームでＭＶＰとなり、本多逸郎二軍監督（左）と取材を受ける

した。自分の成績も芳しくなく、「どう思っているんだ」と本多さんから質問されたんです。

僕は何事も言い訳はしたくないタイプなんです。打てないことに責任は感じているのですが、何か口にすると、言い訳になってしまう。それが嫌でこのときも黙っていました。

すると、突然、「部屋から出て行け！」と怒り始めました。僕は頭を下げて退室したのですが、翌朝、試合の準備をしようとすると、ユニホームが見当たらない。マネジャーに聞くと、「もう来なくていいと監督が言っている」。どうしよう。僕はおろおろしてしまいました。

先輩たちもさすがにかわいそうだと思

ったのでしょう。「大島、とにかく監督に謝りに行け」と言うので、監督の部屋まで行きました。四時間正座をして謝りましたが、それでも、本多さんは許してくれませんでした。名古屋に戻っても、本多監督の怒りは収まりませんでした。ベンチには入れるものの、使ってもらえない。試合に出られない日が続きました。

白状します。そのとき思ったのは、「誰か、けがしないかな」ということでした。二軍はギリギリの人数でやっています。心の中の「悪い大島」が悪魔のささやきをするのです。「外野の誰かがけがすれば、人数が足りなくなって、監督も俺を使わざるを得ないだろう」。すると、本当に外野手がけがをしてしまったではありませんか。僕は心の中で謝りながら、出番を待ちました。

しかし、敵もさるもの。本多監督は違うポジションの人間に外野を守らせたんです。そこまでやるかと思いましたが、お手上げです。「もう、どうにでもなれ」と開き直らざるを得ませんでした。

憂さ晴らしの意味も込めて、ベンチでひたすらヤジ将軍をやりました。「ヘイヘイ、こんなピッチャー打てないのかい！」「元気ないよ、みんな！」。すると、ある日、試合の途中に本多監督がくるりと僕の方を見て、「じゃ、おまえは打てるのか？」と言ってきたのです。

この試合は相手の投手を打ちあぐねて敗色濃厚。監督もイライラが募っていたのでしょう。千載一遇のチャンスに、「僕が打たないで誰が打つんですか！」と大声で答えていました。

もうホラですよね。ホラ吹き。自信も何もない。しかし、「だったら、おまえが打ってみろ」と本多監督は審判に交代を告げてくれました。

僕はさらに調子に乗ってしまいます。「打ったら、何かくれますか」。「何がほしいんだ」と本多さん。僕は「背広がほしいです」と答えました。当時は給料も安く、上京したときのブレザーが一着あるだけでした。「わかった。打ったら買ってやるよ」

この言葉にテンションが上がった僕は、本当にホームランを打つことができました。「背広、いただきまーす！」と言ったらベンチは大爆笑です。後日、本多さんは本当に背広を作ってくれました。

一軍デビュー

今、考えてみると、僕にとっての原点はこの時のホームランだったのかもしれません。以来、「人間、ときにはホラも必要だ」というのが僕の持論です。できそうもないと思っても、風呂敷を広げて、自分を追い込んでみると、案外できるかもしれない。実際、僕がそうでした。

不思議なもので、一度吹っ切れてしまうと、打てるようになってました。そしてプロ三年目の一九七一年。僕は念願の一軍昇格を果たします。

六月十七日、中日（現ナゴヤ）球場でのヤクルト戦でした。この年は二軍で打ちまくり、ここまで10本塁打、32打点と2部門でトップの成績。水原茂監督から、お呼びがかかりました。

プロデビュー戦は期待以上のものになりました。「七番・ライト」でスタメン出場。第2打席で会田《あいだ》照夫投手からレフト前ヒットを放つと、九回の第4打席で今度は石岡康三投手からバックスクリーンに2ランホームラン。4打数2安打3打点の好スタートを切ることができたのです。

試合に負けてしまったので、手放しでは喜べませんでしたが、内心はホッとしました。当時の記事では、「へたはへたなりに一生懸命やろうと考えた」とコメントしたようですが、今でもすごく緊張していたことを覚えています。

もう一つ、鮮明に覚えていることがあります。当時は日本人でセンターバックスクリーンまで飛ばせる選手は少なかったので、初ホームランをバックスクリーンに放ち、うれしかったこと。そして、僕の長打を敵だったヤクルトの中西太《ふとし》コーチが褒めてくれたことです。

実は褒められたのはホームランではなく、第1打席のキャッチャーファウルフライでした。アウトにはなったのですが、めちゃくちゃ高く打球が上がったのです。それを見た中西コーチが「おい、あれだけ高いフライを上げられるヤツはなかなかいないぞ。面白い新人が出てきたな」と言ってくれたそうです。

中西さんといえば、西鉄の黄金時代をつくった強打者。人づてに聞いた話ですが、伝説のスラッガーに褒めてもらえたことは自信になりました。

有頂天

一軍デビュー戦で特大ホームランを含む3打点。新聞の力、マスコミの力ってすごいですね。報道されると「大島康徳」の名前はすぐに広まり、名古屋の街を歩いていても、「頑張れよ！」「今日の試合も頼むぞ！」と激励の言葉をかけてもらえるようになりました。

うれしいのですが、シャイな性格な上に照れ隠しが加わり、素直に「ありがとうございます」の言葉が言えません。でも、内心は舞い上がっていたのです。

一軍入りすると生活が一変しました。二軍の場合は昼間に試合があるので、朝六時ごろの起床です。それが一軍ではナイターなので、昼までゆっくり寝ていられました。これは最高でした。

また、休みの日に外に夕食を食べに出ると、どこからかドラゴンズファンの大人たちが「飲みなさい」「食べなさい」と歓待してくれるのです。まだ給料も安かったので、遠慮なくごちそうになりました。周囲からチヤホヤされるたび、プロ野球って、何ていい世界だろう。プロ野球、万歳！　心からそう思いました。

若さというのは怖いですね。勢いがあります。デビューから九日後の一九七一年六月二十六日、川崎球場での大洋（現ＤｅＮＡ）戦では延長十一回にライトへ決勝2ラン。水原茂監督からも「大島、さまさまだ」と持ち上げられ、もう有頂天になってしまいました。

自分を戒める気持ちがあればよかったのでしょうが、当時は二十歳。華やかな世界の誘惑を断ち切ることができません。夜の街に出て、飲めや歌えやの大騒ぎ。慣れてくると、ファンと言い争いになったりもしました。若気の至りとしか言いようがありません。

この年の僕の成績は74試合で7本塁打、22打点、打率・２０３。チームも優勝こそ逃しましたが、2位でした。よし、これからだと思ったときにドラゴンズに事件が起きました。水原監督がユニホームを脱いだのです。後任は与那嶺《よなみね》要コーチが昇格するとのこと。こうして中日は新たな時代に突入していくことになるのです。

ウォーリー与那嶺監督

与那嶺要監督はハワイ生まれの日系二世。現役時代は巨人でプレーして、三度の首位打者に輝いた人です。親しみを込め、周囲からは英語名の愛称「ウォーリー」と呼ばれていました。

温和な性格でしたが、野球は米国仕込みの合理的な考えの人でした。

例えば、スライディング。当時の中日の選手はみんなスライディングがうまかったのですが、それはウォーリーのおかげなんです。僕らは日ごろからスライディング用の分厚いパンツをはいて、練習をしました。監督は元アメフト選手だったので、そこから来ている練習法だと言ってましたね。

さて、一九七二年のシーズンが始まりました。前年の勢いもあり、初めて僕がレギュラーで使ってもらった年です。

開幕戦のオーダーは①菱川②高木③谷沢④ミラー⑤木俣⑥島谷⑧バート⑨水谷寿。僕は七番センターで出場しました。

僕の長所は長打です。遠くに飛ばす力はあると自分でも思っていましたが、好不調の波が激しく、どうにも安定した成績が残せないでいました。

ウォーリーは強制するような人ではありませんでしたが、僕に「もっとコンパクトに振ったらどう？　あなたの力があればコンタクトできれば、遠くに飛びますよ」と助言をしてくれました。

僕も四年目に入り、結果がほしかった時期です。言われるがまま、コンパクトなスイングを始めたのですが、このアドバイスがいけなかった。どうにもしっくりこない。そのうちに全く打てなくなってきました。

打者というのは本当にデリケートなんです。何かが引っ掛かると、途端におかしくなる。僕はあきらめて元のフルスイングに戻そうとしたのですが、今度は元に戻らないではありませんか。

どうしよう、どうしよう。

練習すればするほど、何が何だかわからなくなってくる。ある日、僕は打撃練習の途中で不安と混乱が頂点に達しました。泣きながら「もう帰る！」と叫んで、球場を飛び出しました。

給料の格差

打ち方がわからなくなって一度は球場から逃げ出した僕ですが、翌日にはコーチに頭を下げて、また必死でバットを振っていました。このときの僕を動かしていたのは、「負けてたまるか」という意地だけでした。

ドラフト会議で指名されたとき、母親が反対したことは書きましたが、理由はまだ書いていませんでしたよね。

給料のことです。給料が他の同期より少なかったのです。

僕はそれほどお金にこだわってはいませんでしたが、同期はみんな同じ金額だと思っていました。そりゃ、大卒と高卒の違いはあるのは知っていましたよ。でも、まさか同じ高校生でも人によって金額が違うとは知らなかったのです。

ルーキーの頃、同い年の同期が頻繁に外にご飯を食べに行くのを僕は感心して見ていました。「よくあんなにお金があるなあ。良いところの子なんだろうな」。そう思っていたのですが、ある日、最初から給料の額が違うと知り、がくぜんとしました。「何だよ、それ！　あいつらを絶対に抜いてやる」と誓ったのが、僕のプロ野球人生の始まりでした。

給料の格差を知り、負けん気に火が付いた

今、考えると理解はできるんです。学生野球で結果を残した選手と高い給料で契約するのが普通で、僕のように甲子園にも出ておらず、野球を始めたのが高校になってからという選手とは高い金額で契約できなかったのでしょう。

母はひと言も僕に言わなかったのですが、金額の格差を知って、反対したと思うのです。ちなみに年俸は七十二万円。月六万円でした。ドラフトでは3位と上位指名でしたが、それほど評価されていたわけではないと思うと傷つきました。

だからこそ、こんなところで立ち止まるわけにはいきませんでした。

とにかく練習しました。無我夢中でバットを振りました。この一九七二年は124試合に出場し、14本塁打、38打点、打率・２３０。少しずつですが、成績も上向いてきました。

一軍の投手と何とか渡り合えるようになってきたのもこの頃でした。

江夏豊さん

僕がプレーした一九七〇年代のセ・リーグには、プロ野球を代表するような超一流の投手が各球団にいて、簡単に打たせてはくれませんでした。

巨人・堀内恒夫さんのカーブはすごかったし、大洋の平松政次《まさじ》さんのシュートにもきりきり舞いさせられました。中でもすごいと思ったのは阪神の江夏豊さんでした。

江夏さんは球が速かったのはもちろん、制球がいいんです。特に右打者の外角低めの制球は天下一品でした。

最高の投球を覚えています。七三年の八月三十日の阪神戦（甲子園）。僕たち中日は江夏さんにノーヒットノーランを喫してしまいました。

江夏さんはサウスポーです。右打者の内側に食い込む、クロスファイヤーと呼ばれる球がすごかったのですが、外角低めの速い球にもお手上げでした。

球種は真っすぐとカーブくらいなのですが、コントロールが精密で打てない。長い間、野球を見てきましたが、３ボール０ストライクという圧倒的に不利な状況から勝負できる投手はあの人だけだと思います。このときは延長十一回裏、江夏さんにサヨナラホームランを浴びて負けました。投げて打ってと、江夏さん一人に負けたような試合でした。

個人では江夏さんをナンバーワン投手に挙げますが、チームでいうと、やはり巨人でしょう。巨人は王貞治さん、長嶋茂雄さんの「ＯＮ」が全盛期。六五年からリーグ優勝を続けていました。勝負強く、途中までは勝っていても、いつの間にか逆転されてしまうのです。巨人戦になると、試合前からあきらめムードが漂っていたような気もします。

しかし、この七三年は違いました。ウォーリーから「巨人に絶対に負けるな」とゲキが飛び、四月途中から巨人に８連勝。ベンチの中でも「５点くらい大丈夫だぞ。ハンディだぜ！」とヤジが飛ぶほど、元気がみなぎっていました。

与那嶺監督の作戦でした。「巨人へのコンプレックスさえなくせば、チームは変わる」。この年は息切れして３位に終わりましたが、巨人への苦手意識の払拭《ふっしょく》が翌年の快挙につながるのです。

高木守道さん

この時代のドラゴンズを語る上でなくてはならない存在の人がいます。高木守道さんです。プロ中のプロは誰かと問われれば、僕はこの人をおいて他にはいないと思います。最初は声も掛けられませんでした。ミスター・ドラゴンズに、レギュラーも取れていない僕が話し掛けるなんてことは、恐れ多くてできません。でも、試合中にはあれこれと話をしました。

話をしたというよりは一方的に叱られていたのかもしれません。僕がライトを守って守道さんがセカンドを守っていたときのことです。打球がちょうど二人の中間あたりに飛んだことがありました。

僕は「ＯＫ、ＯＫ」って言ってるのに守道さんがが一っとボールを追い掛けてくるんですよね。僕としたら先輩に譲ろうと思うじゃないですか。それで止まると、「おい、おまえのボールだろ！」と怒られるんです。困惑しました。

あの人は瞬間湯沸かし器と言われるほど短気な方でしたが、理由もなく怒ることはしません。このときも僕が中途半端だったから怒ったのでしょう。

ワンプレーに対して妥協を許さない人でした。例えば、一塁のバックアップ。毎回はしんどいのでベテランになったら怠る人は結構いるんですよ。でも、守道さんはそれが一切なかった。「えっ、こんなところに守っているの？」というところを必ず守っていた人でした。

守道さんといえば、バックトスが有名ですよね。でも、我々の前であの練習しているのを見たことがないんです。隠れたところでやっていたのでしょう。

今でこそ、バックトスは他の選手がまねしていますが、当時の日本球界には見られませんでした。最初は「そんなことできやしないよ」という人も結構いたそうです。そういう人たちを黙らせようと、黙々と練習をしていたそうです。

普通の人が見たら簡単そうにやっているプレーの裏に、やるべきことをやって準備するプロの魂が見えました。僕は大先輩のプレーを見ながら、少しでも近づけるように頑張ろうと誓いました。

サード挑戦

一九七四年は僕にとってターニングポイントの年になりました。相変わらず、成績が不安定で、開幕しても試合に出たり、出なかったり。そんな状態で迎えた六月のことでした。

サードの定位置を守っていた島谷金二さんが膝を痛めてしまったのです。監督が「誰か内野ができるやつはいないか」と言ったとき、森下整鎮《のぶやす》内野守備コーチが僕を推薦してく

森下コーチと内野守備の特訓。ノックは厳しかった（写真は一九七〇年代後半）

れたのです。

ウォーリーはすごい剣幕《けんまく》で「ノー、ノー！　大島はダメだ」と言ったそうです。当時の僕は外野を守ったり、一塁をやったりしていましたが、守備がへたくそというイメージで、監督から全く信用されていませんでしたから。しかし、森下コーチは押し切ってくれました。

実はコーチと特訓をしていたのです。二年ほど前から「大島、内野のノックも受けろ」とオフの間にノックを受けまくっていました。それを与那嶺監督は知らなかったんですね。

僕はポジションに全くこだわりはありませんでした。試合に出られるのであれば、どこでもいい。その一心でした。しかし、いざやってみると、サードは思った以上にきついポジションでした。

今だから言いますね。怖いんです。サードに飛んでくるボールは、外野と比べてめちゃくちゃ速いんです。

笑わないでください。あれ、当たったら大けがしますよ。それくらい速いんです。何とかしようと、守備の名手、大洋のクリート・ボイヤーに教えを請いに行ったこともありますが、恐怖心まではぬぐえませんでした。

特にヤクルトの大杉勝男さんと阪神のブリーデン、この二人は打球がものすごくて、怖いのなんの。ベンチもそれがわかっているから、「大島、もっと前を守れ！」なんて言う。でも、怖いものは怖いんです。気が付かれないように、じりじりと下がって、外野の芝生前で守っていたなんてこともありました。

野球選手が打球を怖がるなんて、笑い話ですよね。でも、このサード挑戦が僕の人生も、中日の運命も変えることになるのです。

燃えよドラゴンズ！

一九七四年はウィリアムという外国人との併用が多く、どちらかがスタメンだと、どちらかはベンチという状況が続きました。こうやって外野のポジションを奪い合ってきた僕ですが、六月以降、サードという選択肢ができたことで、出番は格段に増えていきました。外国人といえば、忘れられない外国人がいます。トーマス・ユージーン・マーチン。ファンからはマーチンの愛称で親しまれていましたよね。あまり闘志を前面に押し出すタイプではなく、物腰が柔らかで紳士でした。

母国のアメリカではマイナーリーグの３Ａで活躍したようですが、前評判はそれほど高くなかったように覚えています。その証拠にスイングもそれほど鋭いものではありませんでした。でも、タイミングとバランスがよく、すごく打球が飛びましたね。

開幕直後は低調でしたが、彼はこの年35本塁打、87打点を記録し、ドラゴンズの主砲になっていくのです。

マーチンといえば、この年、名古屋を中心に大流行した歌がありました。

「燃えよドラゴンズ！」です。

後にさまざまな年代のバージョンが作られるのですが、元祖はこの年。板東英二さんが歌っていました。

「一番高木が塁に出て、二番谷木が送りバント、三番井上タイムリー、四番マーチンホームラン♪」と続きます。皆さんも一度は聞いたことがあるのではないでしょうか。

僕も「一発長打の大島くん」として出てきます。この年11本塁打を放ったからでしょうが、今でも大島というと『一発長打』を思い出してくれる人が多いと聞くのはうれしいものです。でも、最初に聞いたときは「一発長打よりもレギュラーの方がいいのに」が正直な気持ち。当時は複雑な気持ちでした。

さあ、シーズンが進みます。首位は巨人でしたが、中日も食らいついて離れません。夏場を過ぎて、優勝争いは巨人と中日に絞られました。

打者もすごかったのですが、この年は投手陣も大活躍でした。先発では星野仙一さんと松本幸行《ゆきつら》さん、稲葉光雄さん、三沢淳さんらが実力を発揮。順調に勝ち星を稼いでいました。

星野さんについては後でたっぷり語るとして、ここではこの年20勝した松本さんのことを触れてみましょう。

左腕の松本さんは投球間隔が短いことで有名でしたね。捕手からボールをもらったら、ポンポンすぐ投げてしまう。あの人が先発のときは試合が早くて助かりました。「ちぎっては投げ」という言葉がそのまんまの人。二時間かからないで終わってしまう印象でした。

今でいうツーシームのようにボールを微妙に動かして打者を打ち取るタイプ。独自のテンポとテクニックで自分のペースに引き込んでしまうので、相手打者からは「腹が立ってしょうがないぞ」という声が聞かれました。

鈴木孝政投手（右）はかわいい後輩

私生活は豪快な人でしたね。試合前にカレーライスやカツ丼をむしゃむしゃ食べる。「そんなに食べて大丈夫ですか？」と言ったことを覚えています。

さて、与那嶺監督はシーズン中に投手陣を再編成しました。暑くて投手陣がへばる夏場に、前年度のドラフト１位・鈴木孝政君を抑えに回したのです。

タカマサはさすがドライチですね。ボールの回転量がすごくて、打者の手元でぐっと伸びる。江川卓《すぐる》投手と一緒でバットの上をボールが通る感じでした。

僕からみればかわいい後輩ですが、向こうからは怖い人、変な人だと思われていたようです。あるとき、タカマサが投げているときにエラーをしてしまいました。マウンドに行き、「悪かった」と謝ると、「大丈夫ですよ。打って返してください」との返事。「打つのはいいけどさ、ちょっといいか、タカマサ」

「はい、なんでしょう？」

「グラブ換えてくれや。おまえのグラブの方が球がよく入りそうだ」

今でもタカマサからは「あのときは何ちゅう人やと思った！」と大笑いされるのですが、こんな笑い話が起きるほど、チーム状態は上向いていきました。

20年ぶりの優勝

一九七四年のシーズンも終盤に入りました。我らが中日は首位を走ってはいましたが、巨人もしぶとい。なかなか楽にさせてはくれませんでした。

天王山は九月二十八日。巨人との直接対決でした。試合は接戦で、六回までで5－6と1点ビハインド。迎えた七回二死走者なし。僕の打席でした。

フルスイングすると打球はレフトスタンドに飛び込みました。同点です。僕はうれしくて走りながら、ジャンプをしました。

この試合は引き分けでしたが、僕らにとっては勝ちに等しい引き分けです。なぜなら、

20年ぶりの優勝の瞬間。ファンもなだれ込んできた

この日、僕たち中日にマジック「12」が点灯したからです。

　その後も苦しい日が続きました。勝ったり負けたり、マジックもついたり消えたりする状態。そんなきつい状態が続く中、僕はあることに気付きました。

　後楽園でも神宮でも、ビジターなのに中日側の観客席から埋まっていくのです。「ああ、こんなにもファンがいてくれるんだ」と思うと、疲れているのに力が湧いてきました。

　そして、忘れもしない日がやってきます。マジック「2」で迎えた十月十二日、中日球場での大洋とのダブルヘッダー。第1試合に勝利。いよいよ、あと「1」です。

　第2試合は星野仙一さんが先発。僕は六番センターで出場しました。勢いは我らにあり。僕らは順調に加点していきます。八回までに6－1とリードすると、星野さんが一人で投げ抜き、ゲームセット。やりました！　優勝です！　巨人の十連覇をドラゴンズが阻止したのです。

ここから先は言葉になりません。二十年ぶりの優勝に、球場に詰め掛けたファンの人たちが一斉にグラウンドになだれ込んで、わっしょいわっしょいのお祭り騒ぎになりました。僕らは帽子を取られるわ、もみくちゃにされるわ、何が起きているかわかりません。

与那嶺監督が胴上げされます。万歳三唱が響きます。本当によかった。頑張ったかいがあった。しかし、その裏で、野球界に大激震が起きていたのです。

長嶋さんの引退

中日が二十年ぶりの優勝を決めた時、東京ですごいことが起きていました。ミスター・ジャイアンツこと、長嶋茂雄さんが引退を発表したのです。

優勝の可能性がなくなったので発表したようですが、何も僕らの優勝の日に発表しなくても、と思いましたよ。案の定、新聞でもテレビでも、「長嶋引退」のニュースが大きく報じられました。

長嶋茂雄選手の引退試合で花束を渡した（写真提供：共同通信）

優勝から二日後の十月十四日。巨人－中日戦のダブルヘッダー（後楽園）は長嶋さんの引退試合でした。

何を隠そう、この時、長嶋さんに花束を渡したのは僕なんです。マネジャーが僕のところにきて、「おまえが花束を持っていけ」と言うのです。「そんな大役できません」と断ったのですが、「辞めていくスーパースターは三塁手。これからそこを目指すおまえが行かなきゃ誰が行くんだ」と説得されました。

この日、ドラゴンズは若手だけでした。主力は名古屋市内でパレードをしていたからです。僕はパレードに出たかったのですが、気持ちを切り替えました。

試合が始まりました。僕は長嶋さんに

華麗な守備を見せてもらいたかったので、「サードゴロ、打ちますよ」と打席で宣言したのですが、連日のお酒が残っていたのか、振り遅れてライトライナー。自分の技術のなさを痛感しました。

そして試合は終わり、球場が真っ暗になり、あの伝説のスピーチが聞こえました。「巨人軍は永久に不滅です！」。球場は拍手と歓声で何とも言えない雰囲気です。僕は、長嶋さんのすごさをあらためて実感しました。

その後は僕の出番です。花束を渡しに行き、「お疲れさまでした」と言うと、あの甲高い声で明るく「ありがとー！」と言われたんですよ。その後、長嶋さんはグラウンドを一周するのですが、例のごとくおしりからタオルを出して、涙を拭きながらね。「ああ、スーパースターは引退するときもかっこいいな」。僕も胸がいっぱいになりました。

日本シリーズ

さあ、次は日本シリーズです。相手は金田正一さん率いるロッテでした。

ロッテの投手陣は強烈な布陣でした。成田文男さん、木樽《きたる》正明さん、金田留広《とめひろ》さん、それから村田兆治《ちょうじ》さん。特に成田さん、木樽さんのスライダーに手を焼いた記憶があります。

初戦は中日球場からスタート。劣勢だった試合を高木守道さんのサヨナラ二塁打で逆転勝ちしました。第2戦は星野仙一さんが有藤通世さんにホームランを浴びるなどして、逆転負け。このときのロッテは強かったです。

第3戦をものにして優勢になった第4戦、中日にアクシデントが起きます。守道さんが自打球を当て骨折したのです。この年、控え組が活躍したからといって、守道さんに代われる人はいません。そのまま押し切られ、2勝4敗で日本一を逃してしまいました。

僕は第6戦で同点ホームランを放ちましたが、勝利に貢献するような活躍はできませんでした。

終わった瞬間は「ああ、長かったな」という感じ。この年は11本塁打で46打点。打率・258。正直、満足はしていませんでした。優勝できたことはうれしいのですが、自分の成績を考えると、手放しで喜べない。もっともっと頑張らないといけないと思いました。

翌一九七五年のキャンプは米フロリダ州のブラデントンで行われました。球団初の海外キャンプです。パイレーツと合同練習でしたが、前年の優勝のお祝いという意味もあったのでしょう。

すごい選手ばかりでした。特に当時のパイレーツの主砲で七一年の本塁打王、スタージェルのことを思い出します。どんなバットを使っているのだろうと思ったら、1・5キロくらいあるバットを軽々振っているんですよ。また、練習試合で六七年に三冠王を獲《と》ったレッドソックスのヤストレムスキーにも会いました。

本場メジャーの選手を見られたことは大いに刺激になりました。

大乱闘

一九七五年は僕らにとって連覇がかかった大事な年です。例年以上に気合が入りましたが、大混戦になりました。

前半戦を終わって阪神が1位で中日が2位。しかし、強敵が現れました。広島です。広島はシーズン途中にルーツ監督から古葉竹識《こばたけし》監督に交代。衣笠祥雄《きぬがささちお》さん、山本浩二さんを中心にした攻撃的な野球で「赤ヘル旋風」と呼ばれました。

首位阪神を僅差で追い掛ける広島と中日。そんな中、プロ野球の歴史に残る大事件が起きるのです。

九月十日の広島戦（広島）でのことでした。試合は八回までで5－2で中日がリード。広島は九回裏に2点を入れ、なお二死二塁で打席に山本浩二さんを迎えます。打球はセンターへ。二塁走者三村敏之さんが本塁に突入。タッチアウト！

本当に怖かった広島ファン

ゲームセットでしたが、捕手の新宅洋志《しんたくひろし》さんが激しく体当たりしたため、両軍入り乱れての乱闘に。これを見た広島ファンが怒り狂い、血相変えてグラウンドになだれ込んできたんです。

もう、ひどいってもんじゃありません。目を殴られるわ、ユニホームを引っ張られるわ、髪の毛は砂だらけ。こちらはファンに手を上げるわけにはいかないので逃げる一方です。外国人のローンは右手をビール瓶で殴られていました。

驚いたのは広島の選手のバットが全部中日のベンチに投げ込まれたこと。「ガッシャーン」とすごい音がしました。僕らはみな、どこかにけがをしていましたが、選手生命にかかわるけがをしなくて本当によかったと思います。

もちろん、翌日の試合は中止。僕たちは警官のガード付きで新幹線に乗り、名古屋に帰りました。あれほどひどい乱闘は野球人生で他にありません。僕は怖がりなので、次に広島に行くの止《や》めようかと本気で悩んだくらいです。

結果的にこの年中日は2位。あれがなかったら連覇していた可能性はあったと僕は見ています。もう二度とあんなことは起こしてもらいたくないですね。

守備はつらいよ

ファンというのはプロ野球に欠かせない存在ですが、何事もやりすぎはいけません。困ったファンの話をもう一つ、いたしましょう。

今でこそスタンドのお客さんはおとなしいですが、僕たちの時代は信じられないくらい熱狂的な人が多かった。応援に熱が入るのはわかるのですが、「そりゃないよ」というのも多かったんです。

外野を守っていると、相手のファンがモノを投げてくるんです。大きなビール瓶やハサミ、でっかい氷もあったり、紙コップに小水が入っていたこともありました。お食事中の方はごめんなさい――。

個人的には西の球場がひどかった記憶がありますが、関東の球場でもゴムで弾《はじ》かれた金具が顔に当たったことがありました。「東京の人はマナーがいいって聞いていたけど、全然よくないじゃん」と思ったことを覚えています。

まあ、僕も悪いといえば悪いんです。巨人戦でセンターを守っていて、青い稲妻こと松本匡史《ただし》選手を二塁で補殺したんです。いつも外野席からモノを投げられているから、スタンドに向かって「どうだ！」って右手を上げたんですよ。

すると、どうなったと思います？　ゴミの山ですよ。ファンが怒って、手当たり次第にモノを投げてきて、グラウンドがモノだらけで試合にならない。

ようやく静まったかと思ったら、次はロイ・ホワイト。今度は彼を本塁で刺したんですよ。「見たか～！」ってガッツポーズしたら、もう収拾がつかない。

さすがに怖くなって、審判に「止めさせてくださいよ」と陳情しにいったことがありますが、「おまえが挑発するからだ」と一喝されてしまいました。

覚えていますか？　大洋にシピンという打者がいましたが、シピンもヘルメット被《かぶ》って守っていたでしょう。あの気持ち、わかるなぁ。

今は球場で手荷物検査もあるでしょうし、むちゃするお客さんもいないでしょうが、あいうことは絶対にしないでください。心からのお願いです。

日本新記録

野球の話に戻りましょう。この頃、一軍定着を果たした僕ですが、大きな悩みを抱えていました。それは「隔年現象」です。

よかった次の年はなぜか成績が悪い。いつも全力でやっているつもりですが、どうにもならないんです。だから、守備位置も決まらないし、打順も決まらない。代打での起用が多く、一九七五年は91試合で4本塁打、23打点、打率・278。とても納得できる数字ではありませんでした。

翌七六年も僕はもがいていました。打たなくちゃと、重圧でバットが振れなくなるときもありましたが、「代打というのは人が打てないところを代わりに打ちに行くんだ。なるようにしかならん」。そんな開き直りの感覚で打席に入ることができるようになりました。

この年の初本塁打は四月十五日の広島戦。代打でした。そして、ここから代打本塁打が続きます。六月には4本の代打ホームラン。七月に入り、阪神・山本和行投手から6本目。阪急・高井保弘選手が持っていた日本記録に並びました。

そして迎えた八月十日、ヤクルト戦で会田照夫投手から7本目を打って、記録を更新。

いまだにシーズン7本の代打本塁打は破られていないプロ野球記録だそうです。

でも、気持ちは複雑だったんです。当時の新聞には「代打ホームランもいいけど、常時試合に出られるレギュラーポジションがほしい」との僕のコメントが載っているそうです。本心でしょう。

代打で結果を出すと、次の試合はスタメンで使ってもらえるのですが、そこでノーヒットだったら、また次の日はスタメン落ちなんです。「一発長打の大島くん」と呼ばれていましたが、のるかそるかの一発人生は実は嫌でした。

一方で違う見方もありました。同期の竹田和史君に「おまえは運が強いよな」と言われたことがあります。理由を問うと、「もうそろそろダメだろうというところで打つからさ」。確かに、いつもぎりぎりのところで生き残ってきた野球人生でもありました。

1976年に年間代打7本塁打でプロ野球記録を更新した

背番号「5」

プロ野球選手にとって、背番号は重要です。「名刺」のようでもあり、「顔」のようなものでもあります。僕は入団したときが「40」で、一九七七年から「5」になりました。最初の「40」は後に球団のスカウトとして有名になる法元《ほうもと》英明さんの着けていた番号です。僕は法元さんに「40を永久欠番にするつもりで頑張りますよ」と言いましたが、その年のシーズン前に球団フロントから「変えてみたらどうだろう?」と提案があったのです。「40」も定着し始めていたし、どうしようか迷いましたが、前年の七六年に谷沢健一さんが「14」から「41」にして首位打者を獲った例もあります。隔年現象が変わるかもしれない。背番号を変えるのも悪くないなと思いました。

僕は話を聞いてみることにしました。易学に凝った方が球団にいらっしゃったのか、「大島君にはこの数字が似合うから」と三つの番号を提示されました。

「5」「10」「11」でした。

驚きましたよ。「10」は服部受弘《つぐひろ》さんの欠番ですし、「11」は徳武定之さんが着けていた番号。どちらも大先輩ですから、恐れ多くて着けられません。

一方、「5」は若手の神垣《かみがき》雅行君が着けていました。「人の背番号を無理やり獲るのは嫌ですよ」と言うと、球団が打診したようで、神垣君は快く譲ってくれるという。「それなら、5を着けましょうか」ということになったんです。

今でも年配のファンは「中日の背番号5」といえば、僕のことを思い出してくれるようですね。色紙にサインするときに「5」と添えてくださいと言われると、やはりうれしいものです。

ちなみに後に日本ハムに移籍するときには「11」を選びました。僕の結婚記念日が一月十一日だったので、迷わず「11」を着けたんです。単純ですね。

背番号も変わり、何か良い方向に変わってくれるような予感。しかし、この後、僕にとって最大の試練が訪れるとは、この時は知る由もありませんでした。

兄の死

背番号が変わっても、状況は変わりませんでした。代打で打てても、スタメンで出ると打てない。もがく僕に追い打ちをかける事件が起きました。

兄が急性白血病で亡くなったのです。

優しかった兄・隆（右）

二つ年上の兄・隆《たかし》は神戸で学校の先生をしていました。優しくて頼りがいのある兄貴でした。悲しかったし、ショックでしたし、同時に急にプレッシャーを感じるようになりました。

それまでは次男の気楽さから、ちゃらんぽらんな面があったと思います。ですが、今度は僕が兄に代わって両親の面倒を見なければいけません。そう考えると途端に怖くなったのです。

それを救ってくれたのも兄でした。兄は毎年、相田みつをさんの詩集を僕に送ってくれていました。兄の死後、詩集にこんな言葉があるのを見つけました。

「やれなかった、やらなかった。どっちかな」。ああ、言い訳をしてやらなかったのは自分だったのか。これまで以上に練習に取り組むようになりました。

兄には救われてばかりでした。ホームランを打っても、翌日打てなかったらどうしよう。来年、契約してくれなかったらどうしよう。兄に弱音を吐いたとき、こう言われたことがあるんです。

「起きてもいないことを心配しても仕方がないだろう」。そして「起きてからでも間に合うじゃないか。今を一生懸命やればいいんだよ」。この助言は僕を生涯支えてくれる言葉になりました。

兄の死後、変わったことがもう一つあります。打席で怖くなくなったのです。

プロの投手の球は恐ろしいです。１５０キロの球は当たれば大けがをするほどの威力で、内角の球には腰が引けてしまうことがありました。ですが、僕はこの後、「兄貴、頼むな」とつぶやきながら、打席に立つようにしたんです。

すると、不思議と落ち着くことができました。気が付くと怖さが消えていました。この年、僕は27本塁打を打つことができ、初めて主力に定着しました。

兄のおかげで獲れたレギュラーでした。

デービス

この一九七七年はいろいろなことが起きた年でした。前年末に藤波行雄君がトレードを拒否したり、超大物外国人が加入したり。話題が多かった年でした。

超大物外国人とはウィリー・デービスのことです。これまでバリバリのメジャーリーガーが日本に来ることなんてなかったので、球界が驚きました。

驚いたのは僕たちも同様です。とにかく変わり者でした。僕は球場のロッカーが隣だったのですが、ラジカセから大音量でお経を鳴らしたり、球場の風呂にスリッパでざぶんと入っちゃう。で、そのまま栓を抜いてお湯抜いちゃったりね。文化の違い以上のものを感じました。

メジャーリーグで２５００安打以上放った実績には敬意を表したいのですが、何しろ日本の野球をなめていました。練習をしない。相手を挑発する。偉そうな態度。マーチンなんて萎縮しちゃって、打てなくなってしまいました。

悔しいかな、実力は認めざるを得ませんでした。五月十四日の巨人戦。西本聖《たかし》投手から伝説の本塁打を放つのです。

七回裏二死満塁でした。ライトへ打球を放つと、あっという間にダイヤモンドを走り抜けていました。ランニングホームランです。クッションボールの処理を誤ったのを差し引いても速いのなんの。

カモシカのような長い脚で一歩が大きいのです。当時の新聞にはダイヤモンド一周を39歩と書かれていましたね。何がすごいって、ランニングホームランなのにスライディングしていないんですよ。当時三十七歳。全盛期は過ぎていましたが、度肝を抜かれました。

それにしてもランニング満塁ホームランは、長いプロ野球の歴史の中でも七人しかいないそうです。いやぁ、本当にすごいものを見ました。

デービスは手首を骨折し、シーズン途中で帰国。翌年はクラウンライターライオンズ（現西武）に移籍しましたね。こちらも一年で退団しましたが、強烈な記憶を残した外国人でした。

けがとの闘い

少々のけがはけがのうちに入らないと頑張ってきた僕ですが、ずっと隠してきた故障があります。ヒジ痛です。現役の間、ずっと僕を苦しめました。

一九七八年は与那嶺監督が退団し、中利夫さんがコーチから監督に就任して最初の年です。静岡県掛川でのキャンプ中に、右ヒジが悲鳴を上げました。動かすと激痛が走るんです。当時は良い治療法がなく、痛み止めを飲むくらいしかありませんでした。

だから、いろいろなことを試しました。風呂場の桟にぶら下がってひじを伸ばしたり、熱湯と氷水に交互に浸《つ》けたり。それをやってから腕立て伏せをするとしびれて痛みが消えるとか、眉唾物のことまで試しました。

コーチや監督にはひた隠しにしていました。バレたらレギュラーを外されてしまいます。「けが？　はい、お休みください」となるのが目に見えています。しかし、オープン戦の直前、どうにもならなくなって初めてコーチに告白しました。いや、怒られたのなんのって。

運が悪いときは重なるものです。だましだまし出場していた五月の広島戦で左手に死球を受けて骨折。戦線を離脱しました。インサイドのシュートでした。

広島は特に僕に対して厳しいインサイド攻めをしてきました。あるとき、広島の関係者に「なんで、僕だけ、ぶつけるように投げるんですか？」と聞いたことがあります。すると、「ターゲットなんだよ。おまえに打たれたらドラゴンズが勝っちゃうから、厳しいとこいかないとどうしようもないんだよ」。開いた口がふさがりませんでした。

仕方がないのでデッドボール対策を勉強しました。木俣達彦さんの避《よ》け方が上手だったので参考にしたり、井上弘昭さんは当たり方がうまかったので、教わりに行くと「当たる瞬間に力を入れる」とか「捕手寄りに倒れるんだ」とか言う。「そんなことができるのは井上さんだけだよ……」と思いましたが、努力が報われる日が来るのです。

覚醒

一九七九年、中監督の二年目のシーズンが始まりました。このとき僕は、打席での集中力の保ち方、内角球の対処の仕方を学び、何かをつかんだような気がしていました。

打席の中で落ち着きが出てきたと言えばいいのでしょうか。「バットの角度さえつけば、こっちの方向に飛ぶよな」とダイヤモンドの九〇度の中にボールを運ぶことができるようになったんです。

川上哲治さんは「ボールが止まって見えた」と言ったそうですが、そんな名言は僕にはありません。あえて言えば、ぶら下げられたニンジンのおかげでした。

実はこの年、あるスポンサーから1打点につき五千円の褒賞金がもらえるという話が持ち上がりました。これはチャンスとばかりに稼ぎにいったのです。

え、お調子者の大島らしいって？　否定はしませんが、真面目にいえば、相手の守備位置が見えるようになったこと。「兄貴、頼むぞ」のおまじないと、練習で打撃の技術が上がったことが原因と思われます。ガンガン打って、気が付けば自己最高の成績になっていました。

このシーズンは１０３打点と、プロに入って初めて１００打点を超えました。安打は１５９本。この頃はタイトルではありませんが、今だったら最多安打ですね。打率も・３１７とこれまで見たことのない成績でした。

極め付きはホームランでしょう。十月十七日の広島戦で放った球団新記録となる5試合連続ホームランを含めこの年は36本塁打。阪神の掛布《かけふ》雅之選手が48本だったので、タイトルこそ獲れませんでしたが、充実したシーズンになりました。

この年は二年目の小松辰雄君が１５０キロを連発し、「スピードガンの申し子」と呼ばれたり、ルーキーの藤沢公也君が13勝を挙げて新人王に選ばれたり、中日は話題が多い年でもありました。チームは3位でフィニッシュ。「これならプロで何とかやっていけるかもしれない」。そう思えた年でした。

交通事故

36本塁打を放ち、僕はこの頃、充実した日々を過ごしていました。しかし、好事魔多しとはこのことです。一九八〇年。思い出したくもない出来事が起きるのです。

四月十四日未明のことでした。チームは開幕から球団ワーストの5連敗中。僕は名古屋にいて、浮かない気持ちで車を運転していました。

雨が降っていました。交差点で信号が黄色になったので、ブレーキを踏むと、スリップして右の車輪が浮いて、そのまま中央分離帯に激突しました。スピードはあまり出していなかったのですが、雨水で速度が緩まなかったようです。車の前部がぐじゃぐじゃにつぶれていました。人がいなくて幸運でした。

僕は何とか車から這《は》い出て、そばにいた人に救急車を呼んでもらって病院に行きました。不思議ですが、アドレナリンが出ていたので、その時はあまり痛くありませんでした。でも、なぜか左の視界が悪く、目の辺りがバサバサする。そこで外科の診察の後、眼科で診てもらうと、「すぐに手術の準備を」と言われました。

何と、目に金属の破片が埋まっていたんです。車には備え付けのライターが付いていますよね。あのシガーライターが左目にすっぽり埋まっているというのです。それを聞いた瞬間、「あ、自分の野球人生は終わったな」と思いました。僕は最悪の事態を覚悟しました。

緊急手術を受けると、パンと黄色い光が目の中に入ってきました。金属を取ったから見えるようになったのでしょう。そのとき、担当してくれた医者の先生が驚いたようにこう言ったのです。

「あなたは運の強い人ですね。これだけの事故を起こして、失明しない人を私は見たことがありません」

奇跡でした。金属は眼球をきれいに避けており、破片も目を傷つけてはいなかったのです。先生が言いました。「まるで何かに、ご先祖様か誰かに守られているようですよ」

僕ははっとしました。ああ、兄貴だ。兄貴が守ってくれたんだ——。涙が止まりませんでした。

大げんか

僕は失明を免れましたが、手も骨折しており、しばらくは試合には出られませんでした。

チームに迷惑をかけたくなかったので、三週間で復帰しましたが、けじめをつけなければいけません。選手会長を辞任した上で、しばらく車の運転はしないと誓い、タクシー通いにしました。

戦列に復帰して、しばらくたったときのことです。スポーツ紙に僕の記事が載りました。新聞によると、「大島がカーブを打てないのは、事故の影響で目が見えにくくなっているからだ」というのです。ご丁寧に球団関係者の談話付き。でたらめ書きやがって。僕は怒りましたね。書いた記者と大げんかしました。

本当のことなら仕方ないですよ。でも、目の水晶体には異常がなかったし、病院で動体視力を調べたら、それも問題はありませんでした。何より、僕は兄貴が守ってくれた目を悪く言われることが許せませんでした。

このとき、僕は記者とだけでなく、全てでぎくしゃくしていました。

復帰したはいいが、全然打てない。言い訳になるので言いませんでしたが、やはり、復帰が早すぎました。全身痛いところだらけでした。

プロ野球選手は結果が全ての商売です。36本のホームランを放った年は街を歩いていても、激励の言葉やサイン攻めでしたが、この年は手のひらを返したように冷たいものでした。「大島、もっと打てよ」「昨日だって、おまえが打っていたら勝てたんだ」「街をフラフラしている暇があったら、練習しろ！」。悔しくて、言い返して、ここでも大げんかです。何もかもがうまくいきませんでした。

結局、この年は18本塁打、46打点、打率・２５１。前の年の半分程度に終わりました。チームは十二年ぶりの最下位。この後、僕は街を歩いていても自分だとバレないように、生まれて初めてサングラスを買いました。

近藤貞雄監督

年が変わって一九八一年。ドラゴンズは監督が交代しました。中利夫監督から近藤貞雄監督へ。近藤さんには以前からコーチでお世話になっていました。理論家で熱血漢の監督です。

八〇年限りで主力の高木守道さんが引退。チームは改革を求められていました。打ち出したのが「攻撃野球」。簡単にいえば、先に点を取るだけ取って、後は逃げ切ろうという戦法でした。

近藤さんといえば、先発・中継ぎ・抑えという投手の分業制を提唱した人。試合もアメフトのようにオフェンス（攻撃）とディフェンス（防御）の使い分けを考えていました。だから、点を取ったら、五回であろうが六回だろうが逃げに入る。これが僕にはつらかった。自分でもそれほど守備はうまくないと思ってますよ。でもね、勝っているとすぐに交代させられ、守備固めを出されてしまうんです。スタメンで使われても、打席は2回くらい。ひどいときには1打席で交代です。「代打と一緒じゃないか。だったら、最初から使うなよ」と思ったこともありました。

四番で使ってはくれるんです。この年の開幕戦のスタメンは①田尾②富田③谷沢④大島⑤スパイクス⑥コージ⑦木俣⑧田野倉⑨三沢。調子を落としても三、四、五番での起用でしたが、見切りの早さだけは勘弁してほしかったです。

さて、「近藤竜」は四月を首位で通過した後、徐々にスピードダウン。五月から六月に引き分けを挟んで8連敗し、首位戦線が遠くなってしまいました。

結果は5位に終わり、巨人の眼前優勝を阻止するのがやっとという感じでしたが、それでもチームが少しずつ変わっていくのが見て取れました。

新外国人のスパイクスこそ評判倒れでしたが、捕手で中尾孝義君が出てきたり、台湾から郭源治《かくげんじ》君がチームに加入したり。徐々に優勝を狙えるチームになっていったと思います。話題も集めました。この年は球史に残るあの珍プレーが起きるのです。

ヘディング

伝説の珍プレーが起きたのは、一九八一年八月二十六日。後楽園球場で行われた巨人戦での出来事でした。

２－０と中日リードで迎えた七回裏二死二塁。代打・山本功児君の打球はショートへのフライ。マウンドの星野仙一さんを含め、みんなが「よし、打ち取った」と思った直後のことでした。

ゴチン。ショートの宇野勝《まさる》選手がおでこにボールを当てたのです。僕はレフトを守っていたのですが、まさかデコチンに当てるなんて思いもしないじゃないですか。敵味方全員、何が起きたのかわかりませんでした。

ボールは転々とレフトのポール際に転がっていきます。二塁走者がホームに戻って完封が破られるわ、星野さんはグラブを投げつけて激怒するわ。球場が笑いと混乱で騒然とした空気に包まれました。

星野さんが怒ったのには理由があります。巨人は前季途中から前の試合まで１５９試合連続得点を継続中。そんな巨人を誰が最初に完封するかで競っていたらしく、その名誉がなくなったので星野さんは怒ったようです。

それでも、試合後に星野さんはマサルに「飯でも食いに行こう」とフォローしたそうですよ。気配りの人ですね。

さて、プレーに戻りましょう。ヘディングしたボールを捕球し、華麗なるバックアップで打者走者の功児君を刺したのは僕ですよ。僕の素早い返球がなかったら、同点になっていました。少しだけ自慢させてください。へへ。

本当はマサルは守備がうまいんですよ。無難なプレーしかせずに称賛を浴びる選手がいますが、マサルは届くか届かないかのボールに対して良い守備をする。だからファインプレーが多かったです。しかし、逆に易しい打球に対しては集中力が切れるんです。気持ちが乗らないとやらないタイプなんですね。

この「宇野のヘディング事件」は、テレビの珍プレー好プレー集で放映され、大いに話題を集めました。今でもあのシーンを見ると笑ってしまいます。

江川攻略

近藤監督の二年目となる一九八二年。チームには新外国人のケン・モッカが加入。僕たちは着々と優勝に向けて準備を整えていきました。

前年度の僕は23本塁打、81打点、打率・３０１。前の年に比べると悪くない成績です。あとはチームを優勝に導くだけ。強い思いで臨んだシーズンでした。

そのためにはやはり巨人を倒さなければなりませんでした。そして、この頃の巨人のエースといえば、江川卓投手です。この年も五月途中までで彼に３敗。強い苦手意識がありました。

江川投手は「球が速い」というひと言では言い表せない投手でした。球のスピン量が他の投手とは違うので、手元でぐんと伸びて、どうやっても空振りしてしまう。球種は主に直球とカーブしかなかったのですが、抑えられてしまうのです。まさしく昭和のヒーローでした。

だから、策を講じることにしました。江崎昭雄《てるお》スコアラーに江川攻略のためのデータ解析をさせたのです。大手鉄鋼メーカーの大同特殊鋼と連携し、コンピューターを使っての攻略法を探しました。今ではデータ分析は当たり前ですが、これが球界初の試みでした。

江崎さんは各打者への傾向を導きだし、僕にはカーブを狙えという指示が来ました。具体的にはカウントを取りに来るカーブを打ちなさいとのことでした。

「ちょっと待って、カーブだって？　冗談言わないでよ」。僕は江崎さんに抗議しました。

理由は二つ。まず、江川投手のカーブは簡単に打てるものではないんです。縦に大きく曲がるため、打者からは浮き上がるように見えるのです。目線が一度、上がってしまうため、ミートするのが極めて困難でした。

もう一つは打者心理です。真っすぐを待っていてカーブには対応できるのですが、遅いカーブを待っていたら、真っすぐが来たときに対応できないのです。

「だめだよ、カーブなんて狙えないよ！」。僕は断固反対しました。

カーブ打ち

一九八二年のセ・リーグは五月から混戦模様で、巨人、広島、中日が三つどもえで争う展開。投手陣は都《みやこ》裕次郎君と郭源治君らが先発で活躍し、抑えの鈴木孝政君も途中から先発に回りました。

中日はしぶとく戦い、八月後半に首位に浮上しましたが、二十四日からの巨人３連戦でまさかの３連敗。やはり、エースの江川卓投手を攻略するしかない。その思いは強くなる一方でした。

九月十四日の巨人戦。相手投手は江川君です。首位巨人とは４・５ゲーム差。もうこれ

9月14日の巨人戦で宿敵・江川投手から決勝打を放つ

以上は負けられません。

僕はこの試合の前までで彼に22打数3安打。「仕方ない。カーブを狙ってみるか」。ここで腹をくくりました。

1－2で迎えた六回。谷沢健一さんが同点タイムリーを放ち、二死二塁。ここで僕は江川君のカーブをセンターへ打ち返しました。これが決勝打になりました。

熱戦が続きます。九月二十八日の巨人戦戦（ナゴヤ球場）。今でも語りつがれる名勝負の日がやってきました。

相手の先発は江川君。劣勢が続き、七回表を終えて1－6と5点のビハインドでした。普通ならもう勝てないと思ってしまうのですが、ここが天王山。誰ひとりあきらめる人はいませんでした。

七回裏です。ファウルで粘り、カウント２－２からの６球目。僕は江川君のカーブを狙いすまし、ホームラン。この一打が反撃のノロシになるのです。

大歓声が起きたのは九回裏です。先頭の代打・豊田誠佑《せいすけ》君がレフト前ヒットで出塁。モッカ、谷沢さんも連打で無死満塁。ここで僕がセンターへの犠牲フライ。宇野勝君、中尾孝義君の連打で、ついに６－６の同点です！　江崎さんの分析のおかげでした。

試合は延長戦に入ります。延長十回裏。代打・木俣達彦さんの三ゴロを巨人・原辰徳《たつのり》君が失策。これで江川君を降板させると、なお二死一、二塁のチャンス。次は尾上旭君です。打席に向かう尾上君に僕は「アキラ、俺まで回せ！　絶対打つから！」と声をかけていました。

奇跡の大逆転

「アキラ、俺まで回せ。絶対打つから！」

今でも不思議なんです。こんなセリフを言ったのは、長い野球人生の中で、後にも先にもこの一回だけ。うなずくアキラの唇は緊張で真っ白でした。

延長十回裏二死一、二塁。尾上君は何とか四球を選びました。そして、満塁で僕です。

9月28日の巨人戦でサヨナラ打を放ち、祝福される

今までにない集中力がみなぎっているのがわかりました。

マウンド上には抑えの角三男《すみみつお》投手。1ストライクからの2球目。外角のボールでした。泳がされながらもバットに当てると、打球はセンター前へ。サヨナラヒットです！　歓声が湧きます！　僕らは抱き合って喜びました。

これで中日にマジック「12」が点灯しました。5点差からの逆転勝ち。しかも、江川君を打ち崩したことは大きなターニングポイントになりました。

実はこの年は順風満帆ではありませんでした。以前書いたように、近藤監督は選手をすぐに代えてしまう人でした。投手交代も頻繁で、拒んでもマウンドで球を強引に奪ってしまうので、「もぎりの近藤」などと呼ばれていました。

そのため、チームがぎくしゃくしていました。「何で俺をすぐ代えるんだ」「どうして、俺を使わないんだ」と選手の不満が続出。ベテランだった星野仙一さんも出番がかなり減っていました。

そんな星野さんから呼び出しがかかったのはシーズン後半のこと。広島での遠征中だったと記憶しています。三沢淳さんや堂上照《どのうえてらし》君ら、七、八人いたでしょうか。星野さんは僕らに「いいか、優勝するチャンスってそんなにはないぞ。今はチャンスだろう」と話し始めました。

「俺たちは試合に出られない。不満はあるだろうが、俺は我慢するぞ。ヤス、おまえも我慢せい！」。それからでした。チームが一丸となったのは。僕はあの年の優勝は江川攻略と星野さんのおかげだと今でも思っています。

野武士軍団

この辺りでこの年のドラゴンズについて触れておきましょうか。

個性が強いメンバーばかりが集まっており、誰が名付けたのか、僕らは「野武士軍団」と呼ばれていました。

①右翼・田尾安志
②中堅・平野謙
③三塁・ケン・モッカ
④一塁・谷沢健一
⑤左翼・大島康徳
⑥遊撃・宇野勝
⑦捕手・中尾孝義
⑧二塁・上川誠二

この年のオーダーはこんな感じだったと記憶しています。

新外国人のモッカは同じ年だったこともあり、仲がよかったたですね。彼の長所は日本に溶け込もうと努力していたところでしょう。外国人はプライドが高い選手が多く、上から目線で来る人が少なくないのですが、彼は違いました。

僕はまだ妻と結婚する前でしたが、モッカが「一緒にご飯を食べよう」と招待してくれたので、三人で食事に行ったこともありました。彼はすぐに妻とも打ち解けましたし、溶け込む雰囲気を醸し出している選手でしたから、名古屋のファンにも受け入れられたのでしょう。

谷沢さんは頼りになる人でした。ドラフトでは僕より一期下になるのですが、早稲田大から入団したので、年齢は向こうの方が三つ上。アキレス腱《けん》の故障で苦しみながら、きっちり成績を残す人。これぞプロという人でした。

他にも田野倉利男君、尾上旭君、金山仙吉君、豊田誠佑君、藤波行雄君、木俣達彦さんら、プロの集団という感じ。それを近藤監督がまとめていました。

近藤さんはせっかちな交代以外は頼れる指揮官でした。面白い人で、この一九八二年の優勝決定戦のとき、試合前にビールを飲ませたのです。「おまえたち、どうせ、緊張するだろうから、ビールでも飲んで景気付けしていけ」って。ね、本当に野武士軍団でしょう？

投手陣もなかなかのメンバーでした。先発は都裕次郎君と郭源治君、鈴木孝政君に三沢淳君、藤沢公也君、星野仙一さん。この八二年は裕次郎が16勝して先発の柱になっていました。

思い出深いのは郭源治君です。ゲンジは台湾出身の投手で、闘争心の塊というか、マウンドで跳び上がったり、派手なガッツポーズをするんです。「郭ダンス」なんて呼ばれてましたよね。

球は速いし、守備はうまいし、今でいう体幹がすごかったから、ああいうことができたのでしょう。ゲンジはこの年、9勝を挙げました。

小松辰雄君は速かったな。タツオが150キロを投げる度にスタンドが「うおおおっ」って沸いたんですよ。アイツ、そのたびにスコアボードのスピードガンを振り返って見ていたので、「むち打ちになるぞ！」と冷やかしたものです。

スピードガンの数字が出ないと、自分は調子が悪いんだと思ってしまうタイプ。この年は途中から牛島和彦君とともに抑えに回るのですが、けがをしてから勝ちだすんですよね。力を抜くことを覚えたのでしょう。

速球派の小松辰雄投手（左）と勝利を喜ぶ

守護神は牛島君でした。この年は最終的に17セーブを挙げたんです。

ウシは要領のいい子でした。クレバーといった方がいいかな。同じ真っすぐでも145キロ、140キロ、135キロと球速で投げ分けたり、今でこそカットボールなんて球種

抑えのエース牛島和彦投手（左）とがっちり握手

が出てますけど、当時から指先一つで微妙に変化させていました。

このように野武士軍団は、集団で戦いながら、個の力でも戦ってたのですね。計算された個性ではなく、元々持っているものが自然に出た感じです。

あの頃は「巨人を倒せ」が合言葉でした。向こうは「巨人軍は紳士たれ」を目標にしていましたが。僕たちは「何が紳士だ。見てろよ」と言いながら、荒っぽく立ち向かっていました。

そして、宣言通り、巨人を倒す日がやってくるのです。

石ころ事件

優勝が決まったのは、十月十八日の横浜大洋

横浜大洋を下し、8年ぶりの優勝を決めた中日

（現DeNA）戦でした。

この試合に中日が勝つか引き分けるかで中日の優勝。負ければ全日程を終えて待っている巨人の優勝です。試合は8－0の大勝。僕らは八年ぶり三度目の優勝を勝ち取りました。

優勝と同時に、首位打者のタイトル争いもかかっていました。横浜大洋の長崎啓二君を打率9毛差で追う田尾安志君が勝負してもらえず、5打席連続敬遠。少し後味が悪い勝利でしたが、近藤貞雄監督が横浜スタジアムの夜空に舞いました。

日本シリーズの相手は広岡達朗監督率いる西武でした。主力は田淵幸一さんや片平晋作さんら。相手にとって不足はありません。好ゲームを期待しましたが、残念な事件が起きてしまいます。

２勝２敗で迎えた第５戦・西武球場。０－０で迎えた三回表二死二塁。ここで中日・平野謙君が一塁線を破る痛烈な当たり！　と思ったら、一塁の村田康一塁審がよけ損ねて、打球を足に当ててしまうんです。

運が悪いことに打球は二塁手・山崎裕之さんの目の前へ。すぐに三塁に送球し、ランナーの田尾君がタッチアウト。中日にとっては悪夢のようなプレーでした。

これが有名な「石ころ事件」です。

公認野球規則によれば、野手（投手を除く）を通過したか、または野手（投手を含む）に触れたフェアボールがフェア地域で審判員に触れた場合は、ボールインプレーになるのです。石ころに当たってイレギュラーバウンドするのと同じ解釈ということでした。

勝負ごとに「もしも」はいけないことですが、今でも「あれがなかったら……」と思ってしまいます。

ただ、「石ころ事件」以外にも、理由はあると思ってます。あの頃の僕たちは巨人を倒すのが目標で、リーグ優勝後は気合が入らなくなってしまうのです。今思えば、巨人を倒して満足していたのかもしれません。反省です。

タイトル争い

人生には忘れられない年というのがありますよね。僕にとっては、優勝した翌年の一九八三年がそうでした。

この年は四月十七日の広島戦で津田恒美投手から初ホームランを放ちました。まさか、これがタイトル争いへの号砲になるとは思いもしませんでした。

「一発長打の大島くん」と言われるように、僕のセールスポイントは大きな当たりだと思っています。でも、本塁打王を獲ってやろうと思ったことは一度もなかったんです。

本塁打王どころか、賞やタイトルには縁がないと思っていました。高校から野球を始めた男が簡単に獲れるほど、甘い世界ではないと思っていましたから。

また、当時のセ・リーグには強打者がそろっていました。例えば、阪神には掛布雅之君、岡田彰布《あきのぶ》君、ランディ・バースがいました。この三人は二年後の八五年の優勝に大きく貢献しましたね。

他球団にも、巨人には原辰徳君、広島には山本浩二さん、衣笠祥雄さん、横浜大洋のレオン・リー、ヤクルトのマルカーノら。大勢の長距離砲が虎視眈々《たんたん》と本塁打王を狙っています。彼らと争って勝てる気はしませんでした。

これまで書いてきたように、僕は元気な姿を見せるのが好きな半面、慎重というかネガティブな一面もあります。

九月を終えて、トップを走る浩二さんとは5本差。浩二さんが33本、掛布君が31本、原君が29本、僕は4番目の28本でした。残りのシーズンは一カ月足らず。到底、無理だろうと思っていました。

そんな時でした。深夜のプロ野球ニュースを見ていると、当時評論家だった野村克也さんが僕について話しているのを聞いたのです。「チャンスがあるのに、あきらめたらいけない」

元三冠王のコメントは僕に勇気を与えました。「あれ、まだ自分にもチャンスがあるのか」。そして、「よし、やるだけやってみるか！」。持ち前の負けん気に火が付きました。

本塁打王

人はちょっとしたきっかけで変わります。このときの僕もそうでした。

十月一日からの4試合で5本塁打。ホームランを量産し、一気に1本差にまで迫りまし

本塁打王に輝いた（中）。左は谷沢選手、右は田尾選手

た。トップの山本浩二さんのペースが落ちていたのも僕にはプラスに働きました。野村さんの言葉通り、本当にチャンスが出てきました。

こうなると、こちらも欲が出てきます。元気も出てきます。ここまできたら、タイトルを獲りたい。そんな強い思いが芽生えてきた中、十月二十二日の阪神戦（甲子園）を迎えるのです。

この試合は１２９試合目。残る最終戦は浩二さんがいる広島戦なので、勝負はしてくれないでしょう。これが事実上のラストチャンスでした。

相手は工藤一彦君。関東三羽ガラスと言われたスライダーが得意な投手。僕はスライダーが苦手だったので、慎重に球を見極めようと打席に立ちました。

第1打席は四球。三回の第2打席でした。バン。強振すると打球はレフトへ。いったか！　そう思ったらポールの手前で左に切れてファウルになりました。

よく「三振前のバカ当たり」などと言いますよね。一瞬、「ああ、もうこれはないな」と思ってしまいましたが、すぐに野村さんの言葉を思い出し、気持ちを切り替えました。

フルカウントからの6球目でした。

これだ！　気が付くと自然と体が動いていました。

打った球種も、飛んだ距離も覚えていません。でも、レフトに飛んだことだけは覚えています。36号本塁打。ここで初めて浩二さんに追いついたのでした。

浩二さんはその後の試合でホームランを打てず。僕はタイトルを分け合いました。信じられない気分でした。

ドラゴンズの本塁打王は2リーグ分立以降、杉山悟さん、森徹さんに次いで三人目です。偉大な先輩たちと肩を並べられたのは誇らしく、勝負してくれた阪神には今でも感謝しています。

打撃とは

僕にとって打撃とは、謎の塊のようなものでした。ある年は打てても、翌年には打てなくなるからです。それでも、本塁打王を獲得した一九八三年は何かをつかんだと思えた年でした。

ファーストストライクを狙い打つ。それが僕がたどり着いたバッティング理論でした。技術面でも精神面でも、投手が最初に取りに来るストライクを狙うのが、最も確率が高いと思っています。

昔、近鉄に小川亨さんという打者がいました。七〇年代の主力打者ですが、小川さんは絶対に初球を打たない人なんですよ。そこから自分を高めていって、ゾーンを小さく絞っていくんです。

僕は小川さんとは正反対のタイプ。追い込まれたらゾーンを広げて対応しなくてはいけないので、最初のストライクを見逃さないようにしていました。

野球の解説でも言うのですが、ファーストストライクは投手が一番ほしいカウント球なんですよ。追い込んでから仕留めようとする球より、甘くなる確率が高い。実際に僕はこの球を仕留めたシーンが多かったと思います。

元々、僕は黙って待つより、積極的に振りにいってタイミングが合ってくるバッターでした。空振りでもファウルでもいい。自分の得意なゾーン、僕の場合は真ん中から少し内側でしたが、そこにきたら、どんな球でも強引に振りにいっていました。僕の打撃を積極的と評価してくれる人がいるのは、この影響かもしれません。

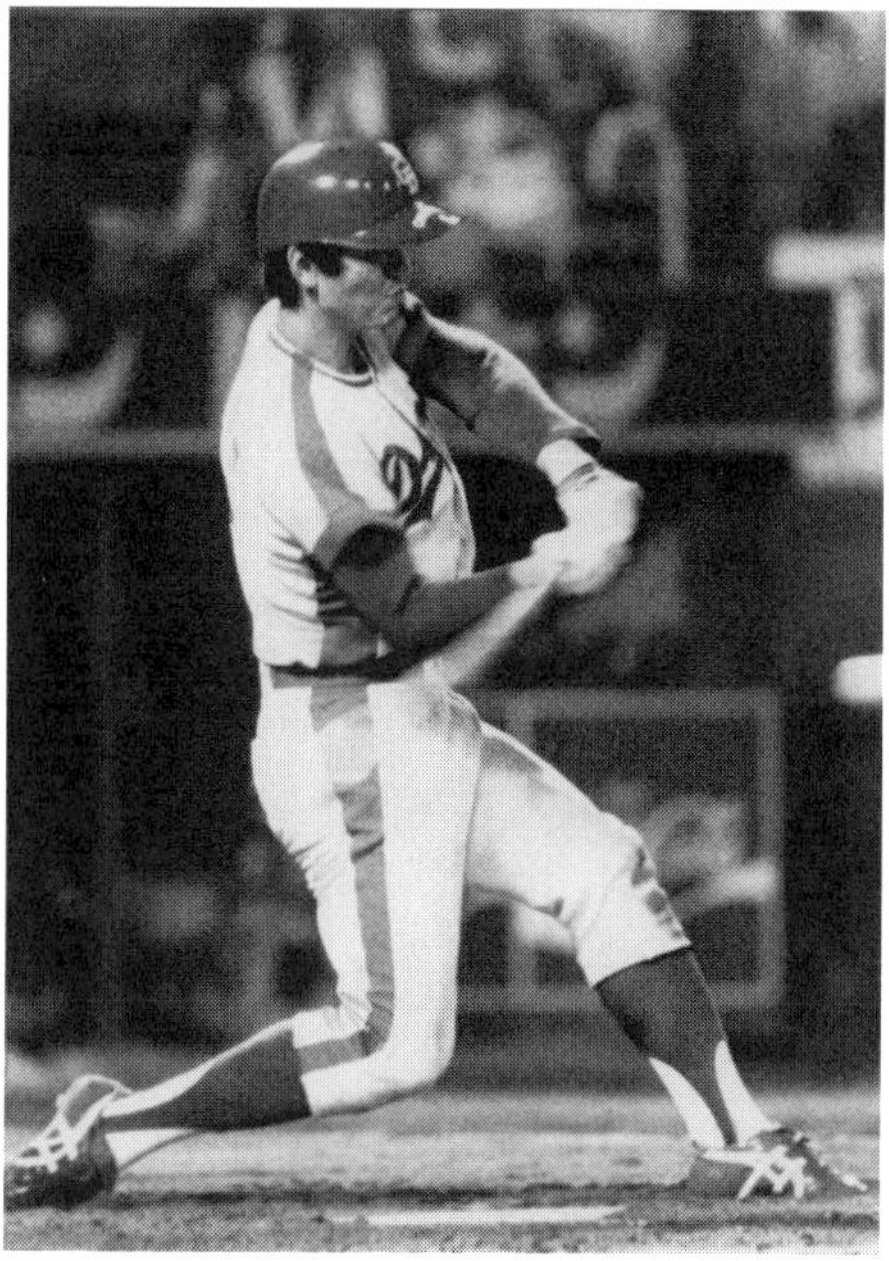
ファーストストライクが打撃のカギ

一番良いのは、打ちにいく途中で見極めること。ボールだと思ったら、バットを止められること。これができれば、超一流です。僕は調子のいいときはできましたが、長続きはしませんでした。
僕の知る限り、それができたのは長嶋茂雄さんとイチロー選手くらいです。あの二人は打ちにいくけれど、肩が残るんです。投手と反対側の肩、長嶋さんでいうと、右肩が残っているので、バットが止まるんです。打撃は肩で差がでます。皆さんも打者を見るときには肩に注目してみてください。

契約更改

さて、今度は契約更改の話をしましょうか。プロ野球選手にとって、契約更改は自分の給料が決まる大切な場です。チームや自分の成績が良いときは楽しみで仕方ないですし、良くないときには浮かない気分で臨んだものでした。

僕はいつでも「男大島、一発更改」を目指していましたが、言いたいことは言う性格なので、衝突もありました。

最初に思い出すのは優勝した一九八二年です。この年は18本塁打、60打点、打率・269。近藤貞雄監督の方針で交代が多く、数字的にはそれほど伸びませんでしたが、江川卓君を攻略したり、マジック点灯のサヨナラ打を放ったり、優勝に貢献した自負はありました。しかし、まさかのダウン提示。優勝してダウンですよ？　納得がいかず、随分と球団に自分の主張をぶつけました。

本塁打王を獲ったときもそう。こちらは1900万円アップの4000万円を主張しましたが、球団は１４００万円増の３５００万円は譲れないの一点張り。このときは越年しました。今でこそ、代理人が同席することもありますが、この時代は選手一人。自分で主張しないと、誰も助けてくれなかったんですよね。

ギスギスした話ばかりではありません。面白い話もあるんですよ。僕は後に日本ハムへ行くのですが、球団がある選手への年俸を１０００００００（１千万）円と書くところをゼロを一つ間違えて、１０００００００００（１億）円と書いちゃったことがあるんです。その選手は正直に「これ、間違っていませんか」って言ったそうですが、それを聞いた僕らは「馬鹿だなあ。そのままサインしていたら契約成立してたのに」。彼は「ええーっ」ってがっかりしてました。

なぜか、大沢啓二監督が更改の席に出てきたときもありましたね。「ヤス、おまえいくらほしいんだ」と聞くから、冗談で「１億円ください」って言ったら怒られたの何のって。いずれにしても、契約更改はドラマが生まれますね。

かっぱえびせん

僕が本塁打王のタイトルを獲った翌年の一九八四年。中日は監督が交代しました。近藤貞雄さんが退き、新しく山内一弘さんが監督に就任しました。

山内さんは愛知県一宮市の出身で、現役時代はミサイル打線の主軸として毎日（現ロッテ）などで活躍した人です。内角の球を打つのが滅法《めっぽう》うまく、「シュート打ちの名人」と言われていましたね。

あだ名は「かっぱえびせん」。

なぜかって？　指導熱心で、選手を教えだすと止まらないからです。やめられない、止まらない。当時のCMソングに引っかけての愛称でした。

選手がわかるまでとことん教える。山内さんにつかまると、二時間でも三時間でもつきっきりで教えられました。

山内さんの打撃理論はインサイドの球のさばき方に特徴があり、よく「ひじを抜きなさい」と言われました。通常、打撃はひじを畳むのですが、内角球はひじを畳まずにそのまま抜くのだそうです。そうすれば、打球が詰まらず、ヒットになると言われたのですが、難しく、僕は最後まで会得できませんでした。

しかし、中には合う人もいました。上川誠二君や中尾孝義君は山内理論がしっくりきたのでしょう。打撃が向上し、レギュラーに定着していくのです。

それにしても山内さんの教え好きにはほとほと参りました。

ある日、広島戦の前に高橋慶彦君が山内監督に打撃を教わりにきました。これから戦う相手に教える人なんて普通なら考えられませんが、山内さんは手取り足取り、教え始めたのです。

それでどうなったと思います？　ヨシヒコに2本も本塁打を打たれて負けたんです。まだ優勝の可能性があったので、あれはこたえました。来る人は拒まずの人でしたが、いい人すぎました。

それでもこの年のドラゴンズは谷沢健一さん、モッカ、宇野勝君、僕と30本塁打以上が四人も出ました。恐竜打線復活は山内さんのおかげだったと思います。

結婚

たまにはロマンスの話もいいでしょう。僕の妻・奈保美さんとの出会いについて書きたいと思います。

初めて会ったのは一九八五年です。僕はこのとき三十四歳。長年の無理がたたり、故障に悩まされていました。

右足指の神経を痛め、踏ん張ると髪の毛が逆立つような激痛が起きるのです。そこをか

奈保美さん（右）と結婚式を挙げた

ばっているうちに他の箇所を痛める。けがの悪循環ですね。

そんなとき、同僚の郭源治君から一人の女性を紹介されました。彼が付き合っていた航空会社の客室乗務員の友人だそうです。その人が奈保美さんでした。

最初のデートは後楽園のサテライトホテルで食事をしました。自分では普通に振る舞ったつもりですが、妻に言わせると、無口で怖くて、第一印象はめちゃくちゃ悪かったそうです。こちらはかわいい人だなと一目で気に入ったのに。

それにしても、野球選手の恋愛というのは難しいんですね。例えば、電話。どうしても時間が遅くなるんです。ナイターが終わり、食事後になるのですが、遅いときは朝の三時になったときもありました。妻は今でも「非常識」と責めますが、当時はメールもＬＩＮＥ（ライン）もありません。許してもらいたいと思います。

電話しながらも心中は複雑でした。僕は早くに兄を亡くしたので、結婚をためらっていました。ひょっとしたら、同じようにがんで早く死ぬかもしれない。そうすると残された奥さんや子どもがかわいそうじゃないかと思っていました。

それでも、奈保美さんはすてきな女性です。僕は「この人なら」とこっそり指輪を購入しましたが、渡す勇気がありません。そうこうするうち、とうとう奈保美さんにこう言われてしまいました。

「もしかして、独身主義ですか。私、好きな方とは家庭を持ちたいので、そういう人とはお付き合いできません！」。僕は慌てて彼女の実家にあいさつに行きました。こうして僕たちは八七年一月、結婚式を挙げました。

星野仙一さん

成績が悪ければ、監督は代わります。一九八六年の中日は５位。翌八七年からは星野仙一さんが監督に就任することになりました。星野さんとは入団以来の付き合いです。無類の熱血漢で、とにかく負けるのが大嫌いな人でした。

でもね、一緒に野球をするのは大変でした。圧が強すぎて、プレッシャーで押しつぶされそうになるのです。彦野利勝君なんか、怒られるのが怖くて急性胃潰瘍になって血を吐いたことがあるんですよ。

僕は守備がへたくそだと思われていたので、余計でした。サードの僕のところに打球が飛ぶと、星野さんから大声が飛ぶんです。「ゆっくりーっ‼」って。

ゆっくり焦らずに捕球しろという意味なのでしょうが、そんな怒鳴り声を聞くと逆にガチガチになってしまいます。捕球して一塁に投げようとすると、「そう、そう、そう、そう、そぉぉぉうー‼」。ホント、勘弁してほしかったです。

湯飲み事件は知ってますか？　星野さんは自分が点を取られると逆ギレし、ベンチに置いてある陶器の湯飲みをガシャーンとたたき割る癖がありました。

ところがある日、湯飲みがプラスチック製に変わっていたんです。あまりに湯飲みを割るので球場側が気を利かせたのでしょう。

例によって打たれた星野さんが、「このやろう」と怒ってたたきつけたのですが、プラスチックなのでカランカランと転がるだけ。シーンとしているベンチにコップの転がる音が響きました。

すると今度は「何で、割れんのじゃー!!」。何と、コップに逆ギレしたんです。そりゃ割れませんよ。星野さん……。

一方、細やかな心配りができる人でもありました。ある年のオフ。選手会のゴルフ大会の景品が必要になり、トヨタ自動車の会長のところに寄付をお願いしに行ったことがありました。そんなとき、星野さんはトヨタの車に乗って行くんです。普段はベンツに乗っているのに。「トヨタさんにお世話になるのにそういうわけにもいかないだろ」。気配りというか、あらゆる面から物事を考える人で、いろいろ勉強させてもらいました。

そんな星野さんは就任早々にすごい事件を仕掛け、世間を驚かせるのです。

世紀のトレード

一九八六年十二月二十三日、中日とロッテからトレードの発表がありました。ロッテ・落合博満選手と中日・牛島和彦投手、桑田茂投手、平沼定晴投手、上川誠二選手の1対4のトレードです。

世間があっと驚きました。

この直前、僕は静岡に牛島君と一緒にゴルフに行っていました。帰りの車で彼が「先輩。

僕、トレードされるってうわさを聞いたんですが」と言う。「あるわけないだろ。おまえを手放すものか」と話したばかり。驚くと同時にプロの厳しさを痛感しました。

　トレードについての僕の考えはシンプルでした。トレードを通告されるということは必要ないということですから、すぱっと辞める。お世話になったドラゴンズに骨をうずめる覚悟でした。

優勝の喜びをともに味わった牛島和彦投手がトレードでロッテへ

　さて、翌八七年になり、落合君がやってきました。僕にとっても「打者・落合」は興味の的です。背番号が「6」でロッカーが僕の隣だったことも手伝い、どんな準備をして、どんな練習をするんだろうと、「落合ウオッチャー」になることに決めました。

　ひと言で言うと、「まねできない」と思いましたね。野球人として、日ごろの行動、ストイックさ。バットコントロールも含めて「こいつはすごいやつだ」と感じました。落合選手と同等だと思ったのはイチロー選手だけです。

あらゆることが打撃中心、野球中心でした。例えば、湿気が及ぼすわずかな影響を嫌い、バットをジュラルミンのケースに入れて持ち歩いていました。

また、バット選びの視点も独特でした。僕を含め、すーっと縦にきれいな木目が入っているバットを選ぶ人がほとんどなのですが、落合君は違いました。わざとバラバラの木目を選ぶのです。

バラバラでふぞろいだと木目が詰まっていて、バットが堅いんだそうです。そこまで考えて野球をやっている人間は初めてでした。その後の彼の活躍はこのときに確信できました。

トレード通告

星野仙一さんが監督になって、チームがピリッと引き締まりました。一九八六年の秋季キャンプでは若手ベテラン関係なく、猛練習が課せられました。

「現役時代に練習しなかった人ほど、指導者になると練習させる」。野球界にはそんな格言があるのですが、星野さんもそうでした。あの人自身は秋のキャンプなんて行ったことないはずなのに、僕には来いというのです。

行きましたよ。「バットもグラブもいらない」と言われ、延々と走るだけ。まるで陸上部のようでした。それでも、僕は星野さんを男にしたい。胴上げしたい。そんな気持ちで頑張りました。

ですが、その気持ちが強すぎたんですね。結果を残そう、自分がチームを引っ張ろうと思えば思うほど、空回り。開幕しても調子は上がりませんでした。

このとき、星野さんの頭の中にはチーム構想があり、そこに僕は入っていないようでした。しかし、いきなり外さないのが星野流。チャンスを与えるのです。

僕の場合も開幕は三番で起用してくれました。100打席くらいはスタメンで使おうと思ってくれたようで、最初は黙って使い続けてくれました。しかし、僕は結果を出せず、次第に出場機会が減っていきました。

それでも、心の中で応援をしてくれていたようでした。七月八日、金沢で行われた阪神戦でのこと。1－2で迎えた七回に僕が代打逆転2ランを放ったのですが、その後、郭源治君が打たれて負けてしまったことがありました。

そうしたら、試合後のミーティングで星野さんが投手陣に激怒したんです。

「おまえら、絶不調のベテラン大島が打ったんだぞ。価値ある一打をふいにしやがって！」。このときは涙が出るほど、うれしく思いました。

結局、八七年は納得できるシーズンではありませんでした。そして、オフのある日のこと。星野さんから電話がかかってきました。「ヤス、ちょっと来てくれないか」。トレードの通告でした。

日本ハムへ

星野仙一監督の自宅を訪ねると、「ヤス、日本ハムにトレードだ。受けるか受けないか、今、決めてくれ」と告げられました。

あの人らしいですよね。こういう話を持ってくるのはおまえのためだとか、そういう言い訳めいた説明は一切なし。単刀直入にずばっと言われました。

「どうして、今なんですか」と尋ねると、「俺、明日、アメリカに行くから」。ずっこけそうになりましたね。

そうはいっても、こちらにはこちらの都合があります。「時間をください」と星野さんの家を後にしました。

正直にいえば、迷っていました。僕はチームが自分を必要としないのなら、辞めようと思っていました。

しかし、その頃、妻・奈保美さんのお腹《なか》に子どもがいました。「もう自分の都合だけで、進退を決めるわけにはいかないよな」と思い直しました。

ふと、浮かんだ光景がありました。妻の実家に結婚のあいさつに行くため、電車に乗っていたときのことです。車窓から建設中の東京ドームが見えました。「俺、もうすぐここで野球やるんだな」とぼんやり考えていました。

それを思い出し、こう思ったのです。妻は一年間、友達も親戚もいない名古屋で心細い思いをした。だったら、今度は僕が日本ハムに行き、妻の実家のある東京でプレーしたらいいんじゃないか。そうすれば、妻は寂しくなくなるよな。

そうして二日後、僕は星野さんに「受けます」と返事をしました。

これで一件落着のはずでしたが、妻に連絡を入れると、妻はカンカンでした。

新聞にトレード話が載っているのを見て、びっくりして、僕に連絡しようとしたけれど、何で連絡がつかない。当時は携帯電話もないですから。「こんなに騒ぎになってるのに、何で連絡をくれないの！」と怒られてしまいました。またしても平謝りの大島くんでした。

担当記者コラム②　ミスター・ドラゴンズ

プロ野球には「ミスター」と呼ばれる称号がある。球団を代表するような活躍をした選手に対し、ファンが敬意を表して呼ぶようになったもので、各球団に存在する。

例えば、「ミスター・ジャイアンツ」といえば、長嶋茂雄さん。「ミスター・タイガース」といえば、藤村富美男さんか掛布雅之さん。では、「ミスター・ドラゴンズ」といったら皆さんは誰を思い浮かべるだろうか。

戦前戦後に活躍したバットマン・西沢道夫さん？　華麗な守備で魅せた高木守道さん？　最近では星野仙一さんや立浪和義さんも名前が挙がるだろうが、大島さんも候補の一人ではないだろうか。

中日球団公式ホームページの「ドラゴンズ打撃通算リーダーズ（在籍通算）」によると、

【通算本塁打】

①宇野勝　334　❷大島康徳　321　③木俣達彦　285

【通算打点】

①立浪和義　1037　②谷沢健一　969　❸大島康徳　943

本塁打、打点の両方で中日のトップ3に入るのは、長いドラゴンズの歴史の中でも大島さん一人しかいない。数字からみれば、ミスターの称号にふさわしいのが見て取れる。

実は1イニング2本塁打を二回記録しているのも、中日では大島さん一人。勝負強さと長打力を最も兼ね備えた選手だった。

この話を本人に振ってみたところ、「僕がミスター・ドラゴンズ？　恐れ多いです。恐れ多いです」と二度も謙遜《けんそん》した。

それでも、大島さんは「そうだ、ミスターといえば、現役時代に僕がホームランを打ってジャンプしている写真があると思うんだけど、あれはミスターのまね、長嶋さんを意識してたんですよ。似てるでしょ」と言って笑っていた。

うれしかったり、楽しかったり、長嶋さんのプレーは喜びに満ちあふれており、そういう感情を表現したいと思っていたそうだ。言われてみれば、大島さんは本塁打を放って三塁を過ぎたところでよく跳び上がっていたっけ。

本書でも出てきたように、長嶋さんの引退式で最後に花束を渡したのが大島さんだった。チャンスに強く、打席で何かをやってくれそうな雰囲気と実力は、あの時長嶋さんから受け継いだのかもしれない。

SONY
65

明るいキャラクターでファンから愛された

第3章 ファイターズ移籍

——集大成、そして監督に

新天地

「トレード、決まったから」。身重の妻に一方的に告げて怒られてしまった僕ですが、新しい土地で、新しい家で、新しい家族と生活を始められるのはうれしいことでもありました。

一九八八年一月。僕は三十七歳になっていました。人生を変える転機というものを感じられるようになっていました。

最初の転機は兄が亡くなったときでした。死に物狂いで練習し、結果を残せるようになりました。次は本塁打王を獲《と》ったとき。自覚というのか、若手の見本にならないといけないと自然にベテランらしく振る舞えるようになりました。

そして、次は家族です。特に子どもができるというのは、本当に自分が変われるきっかけになりました。

中日からいらないと言われたら野球を辞めよう。そう思っていた僕ですが、この子が大きくなるまで、自分の親父《おやじ》の仕事はこうだったんだよというのがわかるまで、しがみついてやろう。そういう心境になりました。

さて、その頃、日本ハムの監督は高田繁さんです。現役時代は僕が中日で高田さんは巨人。互いに敵同士でしたが、野球に関しては僕のことをよく理解してくれていたと思います。

当時の日本ハムは西崎幸広投手、松浦宏明投手、柴田保光《やすみつ》投手、河野博文投手らがそろっており、どちらかというと投手力のチーム。点が取れない試合が多く、なかなか勝てない状況でした。

高田監督とすれば、大島を獲って、外国人と打線を強化すれば優勝を狙える。そう期待してくれたようです。

しかし、早速、僕はやらかしました。家探しやら何やらで忙しく、練習もろくにできず。徐々に調子を上げていこうと、何もせず一月の多摩川グラウンドの自主トレに入ってしまったのが、甘い考えでした。練習中に急に膝が痛くなり、休んでいたら、高田さんから「馬鹿野郎。走っただけでリタイアするのか！」とカミナリを落とされてしまいました。

背番号「11」

日本ハムでの僕の背番号は「11」になりました。以前も少し書きましたが、妻の奈保美さんとの結婚記念日、一九八七年一月十一日の日付から取りました。

「11」というのは普通、投手が着ける番号ですよね。実際に僕の前も田中富生投手が着けていました。

野手のイメージではないとも言われましたが、大洋（現DeNA）のシピンも「11」でしたし、深く考えず、僕が着けてもいいんじゃないかなと。何より、単純に結婚記念日で決めるのもいいのかなと思ったんですよね。

日本ハムでの背番号は「11」

今では着けてよかったと思いますよ。

最近の日本ハムの背番号「11」は、出世番号じゃないですか。二〇〇五年からはダルビッシュ有投手が、一三年からは大谷翔平選手が着けてくれました。

どちらも今はメジャーリーグで活躍していますよね。日本ハムの「11」は大物が着ける番号って感じがして、先輩としては鼻が高いです。

「11」の後輩といえば、今年（二〇二一

年）は大谷選手の調子がすごくいいですね。彼は故障や手術でこれまで力を振るえなかっただけで、不思議でも何でもない。それに彼の打撃フォームはある意味、打者の理想型なんです。エンゼルスに入団してからあの形になったのですが、僕は大活躍するだろうと思っていました。

バッティングはリズムとタイミング、この二つが合わないとどんな形であれ、打てないんです。そのため、打者はいろいろと試行錯誤するのですが、最後に行き着くところが大谷選手の打ち方、ノーステップ打法なんですね。

ノーステップとは、ステップしない、足を上げ下げしない打ち方のことです。足を上げるとリズムが生まれ、勢いもつくのですが、その分、体が上下動して目線がぶれてしまうんです。

目線がぶれると、打ち損じも増えます。ところが、今の大谷選手はすっと足を動かして、球をとらえていますね。頭がぶれないから確実性が増すんです。

大谷選手は僕が日本ハムを引退した一九九四年生まれ。「11」の後輩としてこれからも頑張ってもらいたいものです。

パ・リーグ

話を元に戻しましょう。ドラゴンズに入団して以来、ずっとセ・リーグでプレーしてきた僕にとって、新天地のパ・リーグは驚きの連続でした。

今では想像できないかもしれませんが、当時は本当に注目されていませんでした。よく「人気のセ、実力のパ」と言われていましたが、逆にいえば、パは人気がない。それを痛感しました。

当時のロッテの本拠地は川崎球場でしたが、愕然《がくぜん》としましたよ。試合直前になってもスタンドにお客さんがほとんどいないのです。「今日、本当に試合があるの？　俺たち、試合の日を間違えてない？」と思わず聞いたほどです。

川崎球場はテレビの珍プレー好プレーでも、ガラガラのスタンドで観客がふざけて流しそうめんするのが映ったりしていましたね。実数でいえば、何十人、何百人の世界だったと思います。

プレー中も驚きました。相手ベンチの声が丸聞こえなんです。セ・リーグではあり得ないことでした。

我が日本ハムの本拠地はできたばかりの東京ドームでした。修学旅行生とか、観光地的な意味でもお客さんが来ていたので、川崎球場ほどは感じませんでしたが、それでもセとパでは、意識の違いを感じざるを得ませんでした。

例えば、沖縄・名護キャンプがそうでした。一月三十一日。明日からキャンプだという晩に、夕食会を開くんですよ。地元の財界人を呼んで、飲めや歌えやの大騒ぎ。「えーっ、これでいいの?」と僕は思っていました。

キャンプも話題がないので、お客さんが集まらない。長嶋巨人が宮崎で八千人集まったと騒いでいるとき、日本ハムの名護は八十人。仕方ないので犬も数に入れて、八十三で発表したなんて冗談のような話も聞きました。

今ではパ・リーグの各球団が努力をして満員のお客さんが入るようになりましたね。僕には隔世の感があります。

ブライアント

人気のないパ・リーグに衝撃を受けた僕でしたが、さすがは実力のパ。選手は猛者や個性派がそろっていました。

例えば、近鉄にラルフ・ブライアントという選手がいました。一九八八年に中日に入団したのですが、当時は外国人枠が2で、中日は郭源治君とゲーリーがいたので試合に出られません。そのため、金銭トレードで近鉄に行くのです。

三振が多いのが弱点でしたが、若くてパワーがあって、のちに本塁打王のタイトルを三度も獲りました。そんなブライアントとくれば、思い出すのは九〇年六月六日の日本ハム－近鉄戦（東京ドーム）。天井スピーカー直撃事件です。

四回表、無死走者なし。角盈男《すみみつお》君の4球目をブライアントが打つと、打球がぐんぐん伸びていく。おいおい、どこまでいくんだよと思ったら、天井のスピーカーにガツンと当たったのです。めっちゃ飛びました。ホントに驚きました。

実は偶然にも、試合前にこんな話をしていたんです。東京ドームの外野で練習しているときに天井のスピーカーを見上げて、「これ当たったら、球場の特別ルールで認定ホームランらしいけど、当てるヤツいるのかね？」って。

そこに角君が来たので、「もし、ここに当てられたらどうする？」と聞くと、「野球辞めますよ。投手としてプライドが許しません」。そうしたら、運の悪いことにその日に打たれるんですよ。辞めませんでしたけどね、彼は。ハハハ。

スピーカーは地上43メートルの高さ。王貞治さんのホームランを参考に届かない距離に設置されたそうです。あのときは推定飛距離１７０メートルといわれましたが、今でいえばソフトバンクの柳田悠岐《やなぎたゆうき》君なら届くのかなぁ。ちなみにスピーカーは二〇一六年に撤去されたそうです。

あの頃、日本ハムではブリューワという助っ人もよく東京ドームの外野スタンドの壁にぶつけていましたね。よく飛ばす外国人は記憶に残りますが、それにしてもブライアントは別格でした。

再会

さて、僕が日本ハムに移籍して二年目の一九八九年、高田繁監督に代わってチームを率いたのは近藤貞雄監督でした。高田監督は３位と健闘したにもかかわらず、退任してしまったのです。

近藤さんは八二年に中日を優勝に導いた後、八三年に辞任。八五、八六年は横浜大洋（現ＤｅＮＡ）で指揮を執りました。日本ハムは監督として三球団目。もうベテラン指揮官でした。

正直にいえば、「また、近藤さんか」とは思いましたよ。会社員が上司を選べないように僕らは監督を選べません。でも、仲は悪くなかったので、「これもご縁」と思うようにしました。

監督とは付き合いが長かったので、自然とチーム内で小言を聞く係を務めました。毎日のように試合後、監督室に呼ばれるのですが、相変わらずダンディーな人で、いつも胸の内ポケットからブランデーが入ったアルミ缶を出すんです。

それで一杯作ってくれて、飲みなさいと言ってね。飲んでいる間、野球に対する注文やら、小言やらを聞く。しばらくすると、「よし、帰れ」って。近藤さんは苦労を表に出すタイプではなかったので、気心の知れた僕に話すことでストレスを発散していたのでしょう。

当時の僕はファーストを守っていましたが、徐々にDHも多くなっていきました。DHは指名打者といい、守備をせず、打者に専念できるポジションです。打順は四番とか五番が多かったですね。

DHについては今、セ・リーグでも導入の是非を問う提案が出ていますが、肉体的には楽なんですよ。でも、精神的にはゲームから離れてしまうので難しいんですよね。試合には必ず流れがあって、打席のときだけ入っていくというのは若い人には難しいと思います。

僕は代打の経験があったので、そこはスキルがあったのかなと思っています。いずれにしても、DHなら選手寿命が延びますよね。長所短所を踏まえ、今後、議論をしてもらいたいと思います。

野茂英雄

あの頃のパ・リーグには新しい風が吹き始めていました。一九九〇年。デビューして、いきなり18勝した怪物みたいな投手がいます。皆さん、覚えていますよね。近鉄の野茂《のも》英雄投手です。

こんなにすごい投手がいたんだと思いましたね。球は速いし、フォークボールは落ちる。体をぐいっとひねる「トルネード投法」も目を引きましたが、何より球筋が素晴らしい投手でした。

特にフォークには参りました。彼のフォークは独特で、一瞬球が止まるように見えるのです。ストレートが150キロ以上でフォークは120キロくらいでしょうか。この球速差に打者は惑わされ、打ち取られてしまいました。

例えば、ロッテに園川《そのかわ》一美という投手がいました。僕は彼のフォークを狙い打ったことがあります。園川君は早いカウントから投げてくるので、ヤマを張ることができました。ところが、野茂投手は最初は直球でぐいぐい追い込んでくるので、フォークを狙えませんでした。

彼はその後、米国に行って日本人選手のパイオニアになるのですが、僕は最初から成功を確信していました。

日米野球のとき、ロッテの村田兆治《ちょうじ》さんのフォークにメジャーリーガーのバットがクルクル回るのを見ていましたからね。さらにすごいフォークを持つ野茂投手なら米国でも通用すると思っていました。日米通算２０１勝も納得です。

ちなみに僕は打ち取られたイメージしかないのですが、九一年五月九日に野茂投手から2ランを放ち、黒星を付けたこともあったと知り合いの記者の方から聞きました。我ながらやりますね。

今だから言えますが、野茂投手は投球モーションに癖がありました。フォークのとき、テークバックで一瞬、球を指で挟むのが見えるのです。そうはいっても打つのは至難の業で、野茂投手はパの打者たちと多くの名勝負を生みました。

日米に名を刻んだ素晴らしい投手と対戦した思い出は僕の宝です。

２０００安打

２０００安打というのをご存じですか。プロ野球の打者にとって一つの目標であり、特別な数字でもあります。僕は一九九〇年、この数字に挑みました。

よく生みの苦しみといいますが、僕も打つまでに苦労をしました。八月十五日のロッテ戦で通算１９９８本目をマーク。あと2本に迫ってからピタリと当たりが止まってしまいました。

この後、13打席ノーヒット。東京ドームから盛岡、福島と遠征が続いたのですが、恥ずかしながら、妻の奈保美さんと大げんかをしてしまいました。

僕はそれまで妻を球場に呼んだことはありませんでした。でも、このときは「記念のヒットを打つ瞬間が見たい」と言うので、快く了承したのです。

ところが、全然打てない。ヒットが出ない。ここで僕の悪い癖が出ます。イライラが募り、遠征中の盛岡で「もう帰れ！」と怒鳴ってしまいました。

覚えていないのですが、妻に聞くと、「車で球場に来る妻の行き帰りが心配で気が散って打てない」と言ったそうです。はい。子どものような言い訳です。すみません。その後、妻は変装してまで次の遠征地・福島に来てくれたのですが、そこでも僕は打てませんでした。

今だから打ち明けますね。野茂英雄投手もひどいんですよ。

このときの東北遠征中、妻と街を歩いていると、偶然、野茂投手と石井浩郎《ひろお》選手と出会ったので、寿司屋に誘ったんです。もちろん、僕のおごりです。ウニとかトロとか食べてね。別れ際に「野茂君、明日、先発かどうかは知らないけど、投げるときは遠慮せずに頼むよ」と言うと、「わかりました！」って威勢の良い返事。すると、本当に先発してきて、フォークボールの連投。きりきり舞いですよ、こっちは。少しは先輩に気を遣ってよ、野茂君……。

少し焦り始めた二十一日のオリックス戦（西宮）。近藤監督は少しでも打順が回るようにと僕を一番で起用してくれました。すると気が紛れたのか、2打席目にヒットを放つと、4打席目に佐藤義則投手からセンター前ヒット。2000安打を達成することができました。

三十九歳十カ月での達成は当時の史上最年長。プロ二十二年目の到達でした。

信じられない気持ちもありました。

僕より優れた打者なのに、2000安打を打つ前に引退する人をたくさん見てきましたから。高校から野球を始めたような人間が、まさか王さんや長嶋さんらに並ぶなんて。口には出しませんでしたが、このときだけは自分を褒めてもいいのかなと思いました。

２０００安打を達成し、声援に応える（写真提供：共同通信）

ヒットの打ち方

「ヒットってどうやって打つんですか？」。２０００安打を達成した後、そんな質問をされるようになりました。

これはなかなか難しい質問です。なぜなら、打撃に正解はないからです。いいヒットも悪いヒットも、ヒットはヒット。当時の僕は、どんな当たりでもスコアボードに「Ｈ」のヒットランプが点けばいいと思っていました。

誰もが打席で完璧なスイングを目指すのですが、タイミングの取り方なんて毎試合毎打席変わってくるんですよ。

この形がベストという打撃フォーム、こうすればヒットが打てるという打ち方は僕にはなかったですし、求めませんでした。そういうものを追求する打者は、生涯打率がいいですよ。落合博満選手とか青木宣親《のりちか》選手とかね。僕は打席の中で臨機応変に対応するタイプでした。

面白いことを考えたことがあるんです。過去に戻って、もう一度、現役でプレーできたとします。だけど、僕は前と同じフォームで打つと思うんです。子どもの頃から打ってきた形が一番自分に合っていると確信しているからです。

打撃に限らず、人の原点って子どもの頃にやっていたことだと思うんですよね。打撃だって初めてバットを持って振ったときのスイングが一番いい形だと思うんです。大人になって体形は変わったかもしれないけど、スイング自体は小さい頃と変わらないはず。

ということは、型にはめて教えるより、多少弱点があっても、小さいときから持っているものをそのまま伸ばしてあげた方がいい。

日本ハム時代のバッティング

僕はそういう考えです。

例えば、僕は子どもたちに打撃を教えるときに、傘の話をします。パッと傘を開いて持ってごらん。それがバットを握る一番いい手の形だよ、力加減だよ、その感覚でやってごらんって言うんです。

子どもの頃って、難しいことは考えませんよね。素のまま、自然なまま行動しますよね。打撃も生き方も自然なままがいい。

たまにはいいことを言う大島くんでした。

満塁ホームラン

2000安打を達成した僕は、打撃がわかるようになっていました。わかるというのはおこがましいですが、投手の配球が読めるようになっていたのです。一九九二、三年頃は代打での起用が多くなっていましたが、配球の読みはズバズバ当たりました。

一九九四年五月四日の西武戦（西武球場）もそうでした。八回二死満塁。新谷《しんたに》博投手の3球目。ストレートが来る。そう読んでバットを振ると、打球は右中間スタンドへ。代打満塁ホームランでした。当時の僕は四十三歳六カ月。これは今でも満塁ホームランの最年長記録だそうです。

このとき、僕はプロ生活二十六年目に入っていました。難しいことを考えるのは苦手ですが、ドラゴンズ時代からずっとやってきたことがあるんです。

読みの確認です。例えば、内角の球に三振してベンチに帰ったとしますよね。僕は後輩に「今、捕手はどこに構えてた？」と質問するのです。「外に構えてましたよ」と聞くと、「よし、読みは合ってた。たまたま、投手が投げ損ねただけなんだ」。そうやって自分自身の読みを磨いてきました。

自信があるから、試合中のベンチで「監督、俺のこと、呼びましたか？」なんて自分からアピールしたりして。「呼んでねえよ」って大沢啓二監督も笑っていましたが、僕はこの年、代打だけで22打点あるんですよ。すごいでしょ。

もう一つ、秘訣《ひけつ》があるとすれば、ベンチで全球、しっかり見ていたことですかね。よく代打要員はベンチ裏のロッカーで準備をするのですが、僕は試合の流れを重視するタイプでした。

だからよく、相手の捕手から「あれ、大島さん、ずっとベンチにいましたよね？　いつスイングしてるんですか？」と驚かれました。「おう、だから、今からするんや」と言いながら準備してね。円熟味が増し、まだまだこれからというときに球団から電話がかかってきました。考えてもいなかった内容でした。

引退

電話の内容は「大島君との契約は今年限りにしたい」でした。

いきなりの話で戸惑う一方、求められなくなったら野球人はおしまいという哲学も自分の中にありました。

ただ、腹も立ちました。球団は大沢啓二監督と柴田保光投手と僕と三人まとめて一緒に引退会見をしてくれというのです。「冗談じゃないよ」。このことに関しては、断固抵抗しました。

最初は受け入れそうになりました。しかし、妻が言うのです。「あなたそれでいいの？　本心はどうなの？　これが最後なんだよ」って。

再度、球団に話を確認すると、向こうも「これだけの大物三人が同時に辞めるのは経験がない」と混乱していたようです。僕は妻の助言もあり、引退会見は一人でやらせてもらいました。

一九九四年九月二十八日のロッテ戦（東京ドーム）。それが僕の現役最終試合でした。僕は伊良部《いらぶ》秀輝投手から2安打し、拍手を浴びました。そして、日本ハムナインから

引退試合でナインに胴上げされる

胴上げされました。

この日は妻と二人の子どもが見に来てくれました。子どもが生まれたとき、「父親の職業が野球選手だとわかるまで、松葉づえをついてでも野球をやる」と誓った思いは何とか果たされたことになります。余談ですが、長男も次男も僕のユニホーム姿は日本ハムのオレンジ色のイメージなんだそうです。ドラゴンズの方が長かったのですけどね。

うれしかったのは試合後、ライトスタンドに多くのファンが残ってくれたこと。僕は感極まって、あいさつに行きました。

ところが、ここで僕はやらかしました。レフトスタンドにもロッテファンが大勢残ってくれていたのですが、気が付かず、ベンチに戻ってきてしまったのです。妻から話を聞き、またまた反省です。

今更ではありますが、この場を借りて、あのときスタンドに残ってくれた方、そして、全てのファンの方に伝えたいと思います。長い間、応援、本当にありがとうございました。

監督要請

僕は二十六年の現役生活で２６３８試合に出場し、３８２本塁打、１２３４打点、打率・272、2204安打の成績でした。400本塁打を打ちたかったかなとも思いますが、自分ではよくやった方じゃないかと思っています。

亡くなった衣笠祥雄《きぬがささちお》さんがよく言っていました。「ヤス、野球選手は記録やぞ」って。そのときはわからなかったのですが、本塁打王のタイトルや2000安打を達成できたことは、野球をやめてから誇らしく思えるようになりました。

さて、現役を引退しても、生活は続きます。僕は少し焦っていました。プロ野球選手だって、人間です。明日の生活の心配をしなくちゃいけません。ご存じの通りの性格ですから、引退後の仕事の根回しも全くしていませんでした。

ありがたいことに、その後はNHKや東京中日スポーツ（中日スポーツ）から声をかけていただき、野球評論家のお仕事をいただきました。NHKではメジャーリーグ放送の解説もやらせていただきました。後にこれが僕の人生の大きな転機につながるのですが、この時点では知るよしもありません。

話を戻しましょう。一九九九年秋のことでした。評論家生活も五年目に入り、落ち着いてきた頃、新聞記者がよく僕を訪ねてくるようになりました。

いわく、「日本ハムから監督要請が来ていませんか？」。

当時の日本ハムは上田利治監督でしたが、五年目の九九年は低迷し、監督交代がうわさされていました。そこで僕のところに取材にきたというのです。

初耳でしたし、僕は自分が監督候補だなんて思ったこともありません。「僕なんか、あるわけないでしょう」と返答していました。ところが、しばらくたったある日、本当に日本ハムの球団社長から電話がかかってきたのです。

「大島君、監督を引き受けてくれないだろうか」。僕は「しばらく待っていただけますか」と即答を避けました。

監督就任

プロ野球の監督ってあんなに突然、要請をされるんですね。現役を辞めるときも電話一本でしたし、つくづく独特な世界だと思いました。

迷ったのは家族のことでした。現役を終えて、ようやく家族とゆっくり過ごす時間ができたのです。また、プロ野球の世界に身を投じることになれば、野球漬けの日々。遠征やらキャンプやらで家族を犠牲にすることになるでしょう。

もう一つの理由は、戦力を見極めるためでした。いろいろな人が「ヤス、駒がいないチームは引き受けたらだめだぞ。戦力がないチームは優勝できないぞ」と言うのを聞いてい

日本ハム監督就任会見で、大社（おおこそ）オーナー（右）と

ましたから。実際、このときの日本ハムは世代交代や故障でチーム力が低下していた時期でした。

一九九九年のパ・リーグ各球団の戦力を見てみましょう。

西武には最多勝の松坂大輔投手や最多盗塁の松井稼頭央《かずお》選手が、近鉄には本塁打、打点トップのローズがいました。

オリックスでは首位打者のイチロー選手が存在感を示し、ダイエー（現ソフトバンク）は最優秀選手と最多奪三振、最優秀防御率の工藤公康投手、最高勝率の篠原貴行投手が活躍していました。

一方、日本ハムはというと、打者十傑の7位に小笠原道大《みちひろ》選手が、投手十傑の10位に岩本勉投手がいるだけ。

状況からみれば、普通は受けないでしょう。でも、不利なときほど、燃えるのが僕の性格。戦力不足のときに優勝したらカッコイイじゃないか。よし、監督を引き受けようと心を固めました。

それにしても、監督になって驚いたことがあります。監督に就任した途端、僕の携帯電話がじゃんじゃん鳴るようになったんです。他球団の監督経験者の方からの売り込みの電話でした。

「こういうのがいるんだけど、コーチとして使ってくれないかな」。球界の先輩たちが自分の派閥の人を次々と推薦してくるのです。プロ野球の監督というのはすごいんだなと改めて思いました。

初勝利

二〇〇〇年、僕は六年ぶりに球界に復帰しました。背番号は「77」。尊敬する星野仙一さんにあやかりました。

キャンプは沖縄の名護でした。この年、東大から遠藤良平投手が入団。東大から史上四人目のプロ契約選手として話題になりましたね。日本ハムは話題が少なかったので、彼を一軍キャンプに呼んだりして、マスコミに売り出しました。

開幕戦は四月一日の西武戦（西武ドーム）。相手は松坂大輔投手でした。途中まで3－0とリードしながら、岩本勉投手が同点にされ、抑えのミラバルが乱調で逆転負け。悔しい思いをしましたが、松坂君をマウンドから降ろしたことをプラス材料に考えました。

監督初勝利は翌日の第2戦。金村曉《さとる》投手が9回を3失点で完投してくれました。金村投手だけでなく、小笠原道大選手のタイムリーや片岡篤史選手のホームランで7－3の快勝です。金村君はウイニングボールを僕にくれました。いやぁ、うれしかったですよ。何より、ベンチで喜んでくれている裏方さんを見ながら、ああ、よかったなと思ったんです。

僕が監督を引き受けた理由はもう一つありました。ドラゴンズでもファイターズでも、僕は裏方さんの支えがあって、プレーすることができました。今でも感謝していますが、その裏方さんたちを優勝して喜ばせたいと思ったんです。

どの球団でも優勝したら、全員に特別ボーナスが出ます。打撃投手やマネジャーら、裏方さんにも恩恵があるんです。僕が現役時代にお世話になった人たちがこのときの日本ハムに残っていました。選手はいい給料をもらっているからいいのですが、裏方さんにもいい目を見てほしい。そう思って引き受けたんです。

かっこつけてますか？　でも、本当にそう思っていたのだから、仕方ありません。そのためには勝たないといけない。優勝しなければいけません。監督として初勝利を挙げたこの日、僕はその思いを強くしました。

退場

監督になって最初に思ったことは、「選手たちがおとなしすぎる」ということでした。そのため、就任してすぐに皆を集めて「もっとグラウンドで喜怒哀楽を出していこう」と話したのですが、まさか、悪い意味で自分がお手本を見せるとは思いもしませんでした。

二〇〇〇年六月二十日のロッテ戦（東京ドーム）でした。試合は六回を終えて、10－3で日本ハムがリード。このまま試合が終わってくれればと思っていた七回表にそれは起きました。二死一、二塁でロッテ・大塚明選手が放ったレフトポール際の飛球に対し、三塁の山崎夏生塁審がホームランだと判定したのです。

びっくりしました。明らかにファウルだったからです。思わずベンチを飛び出して、「何で、今のがホームランなんだ！」と抗議しました。

当時はビデオによるリプレー検証制度なんてありません。唯一、手段があったのは「協議の末の判定変更」です。だから、このとき僕は「皆を集めて協議してくれ」と頼んだんです。

すると、すでに三塁の山崎塁審がホームランのジャッジを下しているからできないというのです。判定を下す前なら、皆を集めて協議することができたのだけど、という説明でした。

納得がいきません。僕はそのまま抗議を続けました。当時はリーグの申し合わせ事項で五分を超えて抗議を続けたら、審判から退場を宣言されました。このときは山崎塁審も動揺していたのでしょう。二十分以上たってから「退場！」と宣告。僕は日本ハムファンの拍手を浴びながら、ベンチ裏に下がりました。

ロッテ・大塚選手の打球に猛抗議。この後、退場宣告される

審判も人間です。ミスもあるでしょう。でも、僕が怒るのは、その一球のミスで選手の将来が決まってしまうかもしれない、優勝できないかもしれないということなんです。この時も頭に浮かんだのは選手や裏方さんの顔でし

た。

しかし、波乱の一日はこれで終わりではありませんでした。この二時間後、僕は救急車で搬送されてしまうのです。

手応え

退場後の自分の行動を思い出してみます。大声を出しすぎてノドがカラカラ。ベンチ裏で水を飲もうとしたんです。

興奮状態だったので、少し気持ちを落ち着けようと、精神安定剤を一緒に飲みました。睡眠導入剤みたいな軽いものでしたが、それがいけなかったのでしょう。気持ち悪くなって、胃の中のものを戻してしまったんです。

その後、試合に勝った報告を受け、「よかったな」と喜んでいたら、また戻してしまい、今度は東京ドームの医務室に行きました。以降は全く覚えていないのですが、周囲によるとすぐに寝てしまい、いびきをかき始めたそうです。

アクシデントの後、いびきをかくのはよくない兆候だそうですね。「これはまずい。頭の血管が切れたのかもしれない」と救急車が呼ばれたのです。

都内の病院に搬送され、緊急入院です。CTやら胃カメラやら、精密検査をした結果、幸いなことに異常はありません。やはり、抗議で興奮しすぎたようでした。すぐに家に帰ろうとしましたが、妻の勧めもあり、大事を取ってこの日は入院し、翌日、病院から東京ドームに向かいました。

選手は驚いていましたね。「えーっ、病院から来たんですか?」って。心配もしてくれていました。ですが、その日の試合に快勝すると、「監督、明日も病院から来てください!縁起が良いので」などと言う。現金なものです。

僕は現役・監督合わせて五回の退場処分を受けていますが、このときほど記憶に残る退場はありません。好きで退場をしていたわけではありませんが、特に監督になってからは、チームを守りたい気持ちが先に立ちました。

監督初年度の二〇〇〇年、選手たちは頑張ってくれました。金村暁投手の復活や外国人のオバンドーの活躍もあり、八月を終えて首位西武と2・5差の2位と優勝争いを演じました。残念ながら最後に息切れし、3位に終わりましたが、手応えを感じた年になりました。

誤算

どの職業も、外から見ている印象と実際にやるのとでは全く違いますよね。プロ野球の監督もそうです。次第に戸惑いや誤算が増えてきました。

あの頃の日本ハムは「監督は与えられた戦力でベストを尽くしてください。戦力を整えるのは球団がやりますから」というスタンス。だから、僕には編成権がありませんでした。それでもチームを任されているのは僕です。思わず口を出したくなるときもありました。

当時は投手陣が手薄でした。そこで僕は「広島を解雇になったミンチーを獲ってくれないか」とフロントにお願いしました。しかし、返答は「マネーゲームになるから獲りにいかない」でした。

僕は「他に外国人はいらない。ミンチー一人でいいから」と再度お願いしましたが、要求は通りません。結局、ミンチーはロッテが獲得し、二〇〇一年は12勝14敗、防御率（3・26）のタイトルを獲る活躍でした。もし、彼を獲得できていれば……。今でも悔しいです。

もう一つ、後悔しているのは、コーチ陣に「バッティングのことは打撃コーチに任せる。ピッチングのことは投手コーチに任せる。口は出さないから、自分たちの責任を全うしてほしい」と宣言してしまったことでした。

かっこつけたわけではないんです。監督が選手の指導に口を出したら、コーチの立場がないと気を遣《つか》ったつもりなんですが、これがストレスになりました。

実際にシーズンに入ると、言いたい部分がたくさん出てくるんですよ。僕から見ると、勝負に対する厳しさが足りない。「それは違うだろ」って言いたいのですが、男大島、一度口にしたことは曲げたくない。これが失敗でした。だから、監督時代はお酒の量が増えました。

誤算は続き、監督二年目の〇一年は主砲オバンドーが故障し、岩本勉投手や金村暁投手ら主力が打ち込まれ、最下位。リーグ優勝したのは梨田昌孝監督率いる「いてまえ打線」の近鉄でした。

解任

現役時代は「一発長打の大島くん」と呼ばれた僕ですが、監督として追求したのは、ノーヒットで1点を取れる野球でした。その第一歩として、野手陣には「四球でもエラーでも、出塁したらカウントを考えて、走れるなら走りなさい」と指示を出していました。

難しい話ではありません。今、ほとんどの投手は落ちる球を投げます。「落ちるボールを投げるときに走りなさい。捕手の対応が必ず遅くなってセーフになるから」と説明しました。

投手陣にも指示を出しました。「ピンチのときに『えいやっ』と真っすぐを投げると打たれるよ。だから、スライダーでもカーブでもいい。狙ったところに投げられる変化球を会得してくれ」。困ったら、投手は直球を投げることが多いのですが、打者がその直球を狙っていることがわかっていないのです。

しかし、どちらもなかなか行動に移してもらえませんでした。いい選手たちでしたが、二手先、三手先を考える野球は最後までできませんでした。

自分ではどうしようもできない不運に足も引っ張られました。監督三年目の二〇〇二年三月。本拠地を東京から北海道の札幌に移す計画があることが新聞でスクープされたのです。

あのときは選手が動揺して大変でした。選手たちにも生活があります。東京に家を買ったばかりなのにとか、子どもの学校はどうするって、試合の裏で大混乱。野球どころではありませんでした。また、僕は球団が札幌で再出発するまでの「つなぎ」の監督なんだろうという雰囲気も漂いました。そういうのって選手は敏感に察知するんですよね。

ただでさえ、この年は主軸打者だった片岡篤史選手がフリーエージェント（ＦＡ）で阪神に移籍。戦力ダウンに加えての移転騒動はこたえました。チームは最後までソワソワしたまま、5位で終了。シーズン後、僕は二年連続Bクラスの責任を取り、辞めることになりました。

人を育てる

僕は日本ハムの監督を二年間務めました。今、振り返ると、あらためて野球は「人」の縁だなと感じています。

チームの成績も大事ですが、同じくらい、人を育てたいと思っていました。

思い出深いのは一九九九年のドラフト会議で獲得した田中賢介君です。僕の初めてのドラフトで、中日、西武と競合した末に獲得した選手でした。

体は小さいのですが、打撃センスに光るものがありました。二〇〇一年の開幕では一軍に帯同させ、故障した片岡篤史君の代わりに先発で抜てきしたり、機会あるごとに経験を積ませました。

田中君だけではありません。森本稀哲《ひちょり》君もそうですし、ブレークし始めていた小笠原道大君もそう。あの頃起用した若手はその後、不動のレギュラーとなり、ヒルマン監督の下で活躍しました。僕は監督として結果は出せませんでしたが、もし、多くの選手を育てたと言ってもらえるのなら、うれしい限りです。

岩本勉君も思い出深い選手ですね。彼はチーム一の明るいキャラクターで、今でもトークショーで僕の話をして笑いを取っていると聞きました。

僕がまだ現役時代のことです。キャンプ中の夕方、宿舎でサインの確認をしていました。僕は早くパチスロに行きたくてたまらない。だらだら続くサインの確認に「こんな簡単なこと、いつまでやってるんだ」とイライラ。若手はその姿が怖かったようです。すると、それを見たコーチが僕を指すではありませんか。

「じゃ、次は大島。このサインは？」

「……。ヒットエンドラン……」

「違うだろ、バントだよ！」

ずっこける僕を見て、若手全員、足をつねって笑うのを我慢したとか。アバウトでお調子者の僕らしい話ですが、岩本君が関西弁で面白おかしく話すのでいつもウケるのだそうですよ。

思えば、現役時代も監督時代も、たくさんの人に囲まれてワイワイガヤガヤ。騒がしくも楽しい日々でした。

担当記者コラム③ ハグ

人というのは不思議なものだ。何かの拍子に意外な一面がわかることがある。連載の打ち合わせの際、大島さんとの雑談の中でこんなやりとりがあった。

私事で恐縮だが、記者の長男の話だ。このとき、長男は中学三年生。中学最後のサッカーの大会でPKを外して試合に負けてしまった。ひどく落ち込む姿を見ていられず、「親として何て声を掛けたらいいんでしょうね？」と相談した。

大島さんは簡潔だった。

「ハグしてやりなさい。黙ってハグしてあげたらそれで終わりです」

迷っていた心がすとんと落ちた。

実は同じ相談を、さまざまなアスリートにさせてもらった。

ボクシングのWBA世界ミドル級王者の村田諒太さんは言った。

「今は正しく落ち込ませることが大事。この出来事を意味づけできる将来を作るため、今は落ち込ませた方がいいんです」

サッカー女子日本代表の高倉麻子監督はこう励ましてくれた。

「『PKを外すことができるのは、PKを蹴る勇気を持つ者だけだ』。このロベルト・バッジオの名言を教えてあげてください」

柔道の日本代表・井上康生監督は「柔道には『押さば引け、引かば押せ』という言葉があるんですけど、子どもが自分から何か言うまで待ってあげる。今、親が言っても嫌がって逃げるだけ。相手がすっと近づいてきたとき、何か助言できればいいですね」。

全てのアドバイスがありがたかったが、最も単純明快だったのは大島さんだった。

「だってね、人生って失敗の連続じゃないですか。これからもっともっといろいろな失敗をするはずです。誰だってそうなんです。それを一つ一つ、言葉では教えられないと思うんです。だったら、黙ってハグしてあげるのが親の務め。大人の務めですよ」

二十六年の現役生活を送った大島さんは、2638試合に出場し、9227打席に立った。失敗や挫折は自分でのみ込んで前に進むしかない。四半世紀の間、勝負を続けた人ならではの哲学を教えてもらった気がした。大島さんに感謝した。

ところで、この話にはオチがあった。

大島さんが亡くなってから、次男の雅斗《まさと》さんにこの話をした。さぞ、抱きしめてもらったことだろうと思ったら、「僕、ハグされたことなんて、一度もないんですけど……」。いろいろな意味で大島さんらしいエピソードに二人で笑い合った。

日本ハムでも主軸を担った

第4章 WBCで世界一

ＷＢＣ

二〇〇五年、秋のことでした。僕の携帯電話が鳴りました。電話の主は王貞治さんです。

「何だろう」と思って電話に出ると、王さんはこう言いました。

「今度、ＷＢＣという大会がある。コーチを引き受けてくれないだろうか」

僕は「えっ、何で僕にボクシングの話をするんですか？」って答えました。

ふざけたわけではありませんよ。今でこそ、「ＷＢＣ」といえば、ワールド・ベースボール・クラシックを思い浮かべる人が多いでしょうが、当時はボクシングの団体の世界ボクシング評議会しか知りません。戸惑いました。

ですが、よく話を聞いてみると、ＷＢＣという新しい野球の国際大会ができるとのこと。そのスタッフとして、僕に白羽の矢が立ったというのです。

この頃、僕は野球解説者の仕事に戻っていました。特定のプロ野球チームに所属しておらず、また、メジャーリーグの放送をしていた関係で海外の野球事情に詳しかったこともあり、声を掛けてもらったのでしょう。

僕は基本的に頼まれたら嫌と言わない人間です。このときも日の丸を背負うのは重圧だとも思いましたが、「お役に立てるなら」と引き受けることにしました。王監督からは「ムードメーカーとしても期待している」と言っていただき、うれしく思ったのを覚えています。威勢の良さ、元気だけは誰にも負けないと自信がありました。

しかし、何といっても初めての大会です。メンバー集めからつまずきました。開催時期がペナントレース前の三月だったため、各球団から派遣協力が得られないケースがあったのです。我々の構想は何度も修正を余儀なくされました。

特に四番候補だった大リーグ・ヤンキースの松井秀喜選手の辞退は痛かった。ですが、ペナントレースを優先するのは、プロとして当然のことでもあります。松井選手本人も苦渋の決断だったと思うので、非難はできません。しかし、代わりに予想もしなかったビッグネームが手を挙げてくれました。

イチロー選手

難航したワールド・ベースボール・クラシック（ＷＢＣ）のリストアップ。辞退が相次ぎ、困っていたところ、超大物選手が手を挙げてくれました。

イチロー選手です。二〇〇四年にマリナーズでメジャー記録となるシーズン２６２安打を放った日本の宝が参加してくれるというのです。あのときはテンションが上がりました。メンバーもほぼ決まりました。イチロー選手のほかに、西武・松坂大輔投手、巨人・上原浩治投手、ロッテ・里崎智也捕手、ヤクルト・岩村明憲選手、日本ハム・小笠原道大《みちひろ》選手、中日・福留《ふくどめ》孝介選手ら。ようやく日本代表にふさわしいチームが出来上がりました。

今振り返ると、第一回WBCはイチロー選手抜きでは語れません。「野球選手とはこうあるべきだ」というお手本を皆に見せてくれたのですから。

例えば、大会前に福岡で十二球団選抜との強化試合がありました。最初の練習のときのことです。イチロー選手がさっそうと走ってライトの守備につく。ノックの球が飛ぶ。レーザービームの送球が返る。ファンは大歓声です。我々の空気がピリッと引き締まった瞬間でした。

勝負に絶対はありません。実際、東京ドームで行われた1次リーグは思わぬ苦戦を強いられました。三月三日の中国戦、四日の台湾戦は勝ちましたが、五日の韓国戦は2－3の惜敗。日本は2位での1次リーグ突破でした。全勝を狙っていただけに一抹の不安が残りました。

それでもイチロー選手はイチロー選手でした。チームが渡米して迎えた2次リーグ初戦。試合前のミーティングで彼はこう話しました。

「この大会を個人のアピールの場だと考えないでもらいたい。そんな考えは今すぐ捨ててもらいたい」

「今回のＷＢＣは、一回目のチャンピオンになることに意義がある。メジャー相手に勝てるわけがないと思っているかもしれないが、僕はいいところも、悪いところも知っている。日本が絶対勝てる！　僕は勝ちに行く！」

イチロー選手の力強い言葉にチームが一気に団結しました。

世紀の誤審

実はイチロー選手は、１次リーグでほとんど結果を出せませんでした。３試合合わせて13打数３安打１打点。彼らしくないパフォーマンスでしたが、僕は全く心配していませんでした。

イチロー選手は愛知県出身。子どもの頃はドラゴンズファンだったそうです。そのせいか、ことあるごとに僕をからかってくるのです。例えば、打撃練習の際、こんなやりとりがありました。

「大島さん、現役時代、ヒットは何本打っているんですか？」

「2204本だよ」

「ほぉ。現役生活は何年やられたんですか？」

「二十六年かな」

「よかったですね〜。狭い球場で」

僕らのやりとりを聞いた周りの選手は笑っていました。

毒のある会話に聞こえたかもしれませんが、彼なりの気配りだと思うんです。このときのチームの重圧は相当なものでしたし、他の選手はイチロー選手が不調でも冗談が言えません。少しでも雰囲気を明るくしようと、僕と掛け合いをしたのでしょう。僕のことをリスペクトしてくれていたからこそだと思います。

そんな中、2次リーグ初戦を迎えます。相手は米国。国の威信を懸けてジーター選手やA・ロドリゲス選手ら最強メンバーを送り出してきました。

そのときです。熱戦に水を差すような事件が起きました。3−3で迎えた八回表一死満塁で岩村明憲選手がレフトフライ。西岡剛選手がタッチアップし、「よし、犠牲フライで1点だ」。ところが、相手のアピールを受け、デビッドソン球審は「アウト！」と言うではありませんか。

タッチアップの離塁が早いというのです。王監督以下、僕らは猛抗議をしましたが、判定は覆りません。デビッドソン球審は誤審が多いことで有名だったようですが、これは本当にひどい話でした。結局、試合はサヨナラ負け。チームに重苦しい空気が漂いました。

ビバ、メヒコ！

誤審で初戦を落とした日本。「野球の国でこういうことがあってはいけない」と王監督は語気を強めました。

それでも試合は続きます。気を取り直して迎えた三月十四日の第2戦。相手はメキシコです。日本は里崎智也選手の2ランなどで6－1と快勝。松坂大輔投手の快投も光りました。

さあ、これからだというとき、またしても試練に見舞われます。十五日の韓国戦。1次リーグに続いて負けてしまうのです。1－2の惜敗でした。後味が悪かったのは、興奮した韓国選手が試合後、韓国の旗をマウンドに突き刺したことです。イチロー選手は「野球人生で最も屈辱的な日」と話していました。

これで日本は1勝2敗。決勝ラウンド進出は絶望的でした。ある選手が僕に言うんです。「大島さん、日本に帰れません」って。「何でだよ」と言うと、「あそこで失敗してしまったじゃないですか。僕はもう日本に帰れません」。顔面蒼白《そうはく》なんです。

確かにその選手はバントを失敗していました。僕らコーチから見れば、それほど重要ではないミスですが、彼らはそうは思っていないんです。あの時、ジャパンの選手たちはものすごい重圧を背負って戦っていました。

「次にバントのサインが出たら、交代させてください」と真顔で言います。

「アホかい、おまえが行って決めたらいいじゃないか」。そう励ましたのですが、日本が窮地に追い込まれたのは事実でした。

それでも、王監督は「まだわからない」と言いました。勝負ごとは何が起こるかわからない。今思えば、長く野球の修羅場をくぐってきた王監督ならではの言葉だったと思います。

わずかに可能性が残っていたため、翌日、我々はアナハイムから決勝ラウンドの舞台・サンディエゴに移動しました。

日本が生き残るには、米国がメキシコに負け、敗退するしかありませんでした。僕たちが大勝したメキシコにそんな力があるとは思えません。実際、メキシコの打撃コーチは「こいつらは練習はしないし、いいかげんだし、陽気なだけのひどいチームだ」って言ってました。

しかし、野球は本当に恐ろしい。そのあり得ないことが起きるのです。米国－メキシコ戦は現地時間の夕方に行われました。僕らはやることもないので、ホテルの食堂で夕食を取りながら、テレビを見て、「お、意外といい試合してるぞ」などと言っていました。

1－1の同点で迎えた五回裏、メキシコが勝ち越し。それでも、誰一人として期待はしていません。淡々と食事をした後、それぞれ部屋に戻って、部屋のテレビで試合を見ていました。

すると、何ということでしょう。あれよあれよという間に試合が進み、そのまま2－1でメキシコが勝ってしまったではありませんか。

試合が終わった瞬間、フロアのドアというドアが一斉に開いて、皆がこう言ったんです。

「ビバ、メヒコ!!」「メキシコ、万歳!」

全員が部屋から飛び出し、抱き合いました。それは壮観なシーンでした。

3番イチロー

米国が敗れる奇跡が起き、日本は決勝ラウンドに進出しました。大会特別ルールで失点率というのがあり、その失点率で米国を0・01上回っての準決勝進出でした。チームの士気は上がりました。

三月十八日の準決勝。相手は因縁の韓国です。勝つためにはどうしたら良いのか。僕には秘策がありました。

このとき、三番で出場していた福留孝介選手の状態がよくありませんでした。王貞治監督も悩んでいたようで「福留の代わりに三番に入れるとしたら誰だろう？」と聞かれたのです。

僕は「イチローはどうですか」と進言しました。

王監督は驚いていましたね。イチロー選手といえば、世界のトップバッターというイメージでしたから。そのため、1次リーグから一番での起用でしたが、僕にはある思いがありました。

イチロー選手が打撃練習をしているときのことです。彼も福留選手と同じように調子が上がらずに苦しんでいました。苦戦続きのチームに対して、責任も感じていたのでしょう。そこで僕は「もうちょっと肩の力を抜いたら」と言おうとして近づくと、「もう……」と言った瞬間、何を言うか察したんでしょう。彼はこちらを制止して、こう言ったのです。

「僕を誰だと思っているんですか？　イチローですよ」

ああ、これなら大丈夫だ。イチロー選手が何かをやってくれる。そんな予感がしたので

笑顔で選手をお出迎え。王監督（右）を支え、世界一に貢献

す。そこで一番に青木宣親《のりちか》選手を入れ、三番にイチロー選手を入れるオーダーを進言したのです。

　王監督はこの案を採用してくれました。

　結果は皆さんご承知の通りです。

　イチロー選手は5打数3安打1打点。見事に復活し、チームを引っ張ってくれました。

　また、スタメンを外れた福留選手も七回に代打で出場し、ライトスタンドへ2ラン。結果、6－0の大勝でした。

　三度目の正直で韓国に圧勝。王監督は「今回の日本チームは最強だ」と誇らしげに胸を張りました。

世界一

二〇〇六年三月二十日、午後六時。僕たちはキューバとの決勝戦に挑みました。世界一を決める戦いにふさわしく、試合は壮絶なものになりました。

初回に4得点した日本ですが、さすがはキューバです。徐々に差を詰められて、八回を終えて、6－5と1点差に迫られていました。ここでも頼りになったのはイチロー選手です。九回表一死一、二塁。この日も三番で出場したイチロー選手がライト前にはじき返しました。

二塁から川崎宗則選手が猛ダッシュ。滑り込むと同時に右手でベースをタッチ。左手ではブロックされると思い、右手を使ったのだそうです。メディアは「神の右手」と取り上げましたね。神業の追加点が口火となり、この回4得点。ついに日本が世界一に輝きました。

今思うと、我々が世界で戦う意味を再確認させられた大会でした。日本人が世界で勝つにはホームランではだめなんです。スピード、小技、いろいろなものを総動員して勝つ。それがスモールベースボールでした。日本人の良さが最大限に出てつかんだ頂点だと思います。

試合後の表彰式。隣にいた武田一浩投手コーチが僕を見てこう言いました。「あれ、先輩、泣いてるんですか？」

気が付くと、メダルをかけてもらった僕はぼろぼろと泣いていたのです。

子どもの頃、僕はバレーボール選手になって五輪に出て、金メダルを取るのが夢でした。しかし、高校になって野球に転向したため、自然とあきらめていました。それが五輪と同じくらい価値のある野球の国際大会で、その夢が叶《かな》った。無意識のうちに泣いていたのです。

その後はロッカーでシャンパンファイトです。ビールかけしか経験がないから、盛り上がりましたよ。ビールと違ってシャンパンは香りがいい。全てが僕の財産になりました。

ちなみに金メダルは今も大事に持ってます。貸金庫に。いえ、冗談じゃないんです。本当に貸金庫の中に入れて、なくさないよう大切に保管しています。

担当記者コラム④　父として

激情家であり、陽気なムードメーカーでもあった大島さん。家の中ではどのような人だったのか。二人の息子さんに、父としての大島康徳を聞いた。

次男の雅斗《まさと》さんは「皆さんのイメージ通りの人ですね。ＷＢＣから戻ってきて、ただいまって玄関に置いた荷物をみたら、杉内って名前が書いてあるんですよ。間違えます、普通？　そんなアバウトなところが好きでした」と笑う。

雅斗さんは吉本興業に所属するお笑い芸人。社会人になったあと、会社を辞めて「芸人になる」と言ったとき、大島さんにものすごい勢いで反対されたという。

「怒ってましたね。芸人と同じ腕一本で勝負するプロの世界でやってきたからでしょう。そんなに甘いものじゃないって、引き留められました」

結局、雅斗さんが押し切る形になったが、芸人になってから大島さんのすごさを実感したことがあった。「神宮球場に連れて行ってもらったことがあるんです。ヤクルトの宮本慎也さんがあいさつにきて『大島さん、お元気ですか？』って言ったら、父は『おう、俺、がんだよ！』と答えているんですよ。返しがすごい。肝が据わっているというか、本当に明るい人でした」

一方、「僕も怒られた記憶が多いですね」と苦笑いするのは長男さん。大島さんの息子であることを周囲に明かしていないので、ここでは単に長男さんと呼ばせてもらいたい。「父は特に礼儀に厳しい人でした。家のテレビで野球を見ているとき、『○○』って、選手を名前で呼び捨てにすると、『○○さんだろ』と怒られるんですよ。正直、家族でいるときくらい、いいじゃんと思ったのを覚えています」

中学から野球を始めたが、「プロ野球選手の息子と言われるのがつらかった」。高校でも野球部に入ったが、大島さんから「やるんだったら、三年間は絶対にやり通せ」と言われ、それを実行した。「意地ですよ。高校三年の夏の大会ではベンチにも入れなかったけど、最後までやり遂げました。でも、それが今の自信になっています」

最期の姿が忘れられないという。「入院しても、体に管を付けるのを最後まで抵抗していました。どれだけつらかろうが、自分の足で歩くことと、自分の口から食べるのにこだわっていました。トイレも最後まで一人で行くといって、一生懸命歩いて。医者が『ここまでの人はなかなかいない』って驚くくらい強い人でした。尊敬できる父でした」

雅斗さんも「そばにいると安心できる人でした。でんとした大黒柱。いつか、父のようになりたいんです」。子どもたちの言葉に、大島さんは空の上で照れていることだろう。

ベンチで王監督（手前）と戦況を見つめる

第5章 がんと共に生きて

がん

さて、ここからは野球ではなく、病気の話が中心になります。今や日本人の二人に一人ががんになる時代と言いますが、僕自身の体験が皆さんにとって、何かの参考になるのであれば幸いです。

世界一になった後、僕は野球解説者に戻って、忙しい日々を過ごしていました。あれは二〇一六年の夏ごろです。球場に行くと、多くの人から「痩せましたね」と言われるようになりました。

その頃、僕はダイエットに取り組んでいました。引退しても食欲は旺盛で、妻の奈保美さんに「現役時代と同じように食べていたら、糖尿病になるよ」と言われ、一念発起しました。そのおかげで随分スリムになったんです。

しかし、それにしては体重の落ち方が急でした。不審に思った妻は「一回、検査した方がいいんじゃないの？」と言います。それでも、僕は「病院に行くのは嫌だ」と言って拒否していました。

不安じゃないですか。病院は行かないに越したことはないと思っていました。自覚症状もなく、強いていえば、たまに血便が出たくらいで気にもしていませんでした。ですが、妻はあきらめません。毎日のように病院に行くことを勧めます。最後は「私が一緒に付いていくから」と言う。そこでしぶしぶ、病院に行くことにしました。十月のことでした。

かかりつけの病院で検査をすると、別の病院での再検査を勧められました。おかしいなとは思いましたが、僕は言われるがまま、近くの総合病院を訪れました。すると、検査後、医者の先生の部屋に夫婦で呼ばれました。

体重が落ちたのはダイエットのおかげと思っていた

「大島さん。精密検査をしなければ断定はできませんが、大腸がんでしょう。肝臓転移の可能性もあります」

がん？　先生の声が不思議と遠くに聞こえました。僕は質問しました。

「そうですか。わかりました。手術はしません。その場合、いつまで生きられるのですか？」

「余命ということなら、大島さんに残された時間はあと一年です」

ステージ4

がんで余命一年？　自分が？　ショックでした。「大島さん、糖尿病ですね」と言われると思っていましたから。

しかし、一方で覚悟もしていました。

うちの家系は全員がんで亡くなっています。兄は血液のがんと呼ばれる白血病ですし、父も膵臓《すいぞう》がんで亡くなりました。漠然と「自分も死ぬときはがんだろうな」と思っていました。

だからでしょう。「手術しません」という言葉がすっと出ました。実はもしものために、事前に妻と話をしていたのです。「もし、がんと宣告されても手術は受けない」。残された貴重な時間を治療で奪われるのは嫌だ。大事な家族と過ごしたい。そう決めていました。

正式な病名は「大腸（S状結腸）がんおよび転移性肝臓がんのステージ4」。えっ、ステージ4？　そんなに重いの？

混乱する僕に医師はこう言いました。

「このままだと、一年たたずに腸閉塞《ちょうへいそく》になり、好きな食べ物が食べられなくなります。今だったら体力もある。大腸の手術をすれば、食べたいものが食べられる生活を送れます」

それでも、僕は言い出したら聞かない頑固者です。「手術は絶対に嫌です」と言い、お礼を言って部屋を出ました。

それにしても、がんは恐ろしいですね。自分だけではなく、家族を巻き込んでしまうからです。僕の場合も病院から妻が知らせたようで、すぐに長男と次男が家に帰ってきました。

次男の目は真っ赤でした。

聞くと、電車の車内でこらえきれず、大声で泣いてしまったそうです。あまりに泣きじゃくるので、次男の周囲から人がいなくなってしまったというから、よっぽどだったのでしょう。

妻が「食事もせずに戻ってきたんでしょう。何か食べておいで」と言うと、今度は行った先のそば屋で号泣し、お店でも人がいなくなったそうです。

顔をくしゃくしゃにして悲しむ次男を見て、僕は心がぎゅっと痛みました。

家族

がんになってあらためて思ったのは、家族の大切さでした。号泣した次男もそうですが、長男にも心配をかけました。

病気を知って、心穏やかではなかったのでしょう。勤め先でどこか様子がおかしい長男に上司の方が気付き、心配して話し掛けてくれたそうです。

長男は僕のがんのことをそこで初めて明かしたのですが、上司の方はこう言ったそうです。「大島、俺の親父《おやじ》も君のお父さんと同じ大腸がんのステージ4だったんだ。でも、手術をして、今は元気で飛び回ってるよ。長期戦になるかもしれないけど、希望は捨てるなよ」

長男は帰宅すると、すぐにその話をしてくれました。一生懸命、励ましてくれました。このときの息子の姿を、僕は生涯忘れることはないでしょう。

妻の奈保美さんも同じです。

「私が以前、腸閉塞になったの覚えている？　すごく痛かったんだから。腸閉塞になったら、どちらにしても切らなくちゃいけなくなるよ。だったら、今、痛くないときに切ったた方がお腹《なか》もきれいに治るんじゃない？」。そう言って必死に僕を説得してくれました。

僕の胸にはさまざまな感情がうずまいていました。妻は三十二歳のときに子宮頸《けい》がんを患ったのですが、あのとき、僕は妻に対して「すぐに手術してほしい。絶対に助かってほしい」。心からそう願いました。それを思い出したのです。

家族をなくすかもしれないという気持ちはつらいものです。もし、このまま、手術をせずに僕がいなくなったら、残された妻と子どもたちはどう思うだろう。あとあとまで、家族を苦しめることになるんじゃないか。「手術してみるか」。このとき初めて僕は思いました。

それにしても、妻の行動力はすごいものがありました。知り合いに聞いて、大腸がんの権威の医者を探してくれました。子どもたちも手伝ってくれ、あれよあれよという間に、手術の日にちが決まっていました。

手術

二〇一六年十一月十五日。午後一時半すぎ。いよいよ大腸がんを切除する手術が始まりました。

「まな板の上の鯉《こい》」といえば良いのでしょうか。ここまで来たら、医師の指示に従うだけです。恐怖心もありましたが、「全てを任そう」という気持ちが強かったと思います。

このとき、家族が自然な感じで接してくれたのがありがたかったですね。売店で新聞や本を買ってきてくれたり、話し掛けてくれたりと、おかげで気負わずに手術前の時間を過ごせました。

「じゃあな」。僕は子どもたちと握手をし、妻とは抱き合って、手術室に入りました。大事な場面で打席に入るときのような気分でした。

手術は六時間に及びました。僕の場合、運が良かったのは、お腹を大きく開けない腹腔《ふくくう》鏡《きょう》手術が可能だったことと、人工肛門になることを避けられたことです。体への負担も少なくできました。

手術が終わると、集中治療室（ＩＣＵ）に移動しました。そこで僕は突然、次男の名前を叫び、「いい子にしてるんだぞ！」と言ったそうです。

なぜ、そんなことを言ったのか。麻酔が効いていたので全く覚えていません。長男よりも甘やかして育ててしまったと心の中で思っていたのでしょうか。それを聞いた次男は「何で俺なんだよ。いい子にしてるんだぞって何だよ……」とまた、ぽろぽろ涙をこぼしたそうです。

こうして手術は無事に成功しました。まずはひと安心でしたが、やはり、そう簡単にはいきませんでした。

約二週間後に退院。それから十日後に再入院して、抗がん剤治療を始めたときのことです。原因不明の高熱が僕を襲いました。そのため、当初は三泊四日だった入院が延びに延びて、退院できたのは二週間後のクリスマスでした。

手術が成功してもそれで終わりではありません。これからの治療をどうしていくか。大きな問題が残っていました。

共存

大腸（S状結腸）のがんはきれいに除去できました。問題は肝臓に転移しているがんをどうするかでした。

今の医学では取れない箇所にあるので、手術で切除することはできないとのこと。そこで僕はしばらく考えて、もし、大きくなる兆候が見えたら、そのときに考えようと思いました。

僕のがんに対する考えをここで書いておきますね。最初に「がんに負けるか」と書いた僕ですが、必ずしも根治を目指していないんです。

もちろん、手術で取れるのであれば、取った方がいい。でも、取ることができないのなら、考え方を少し変えてもいい。がんは小さくなるか、現状維持なら御の字。体の中にいても、悪さをしなければそれでいいと思っています。

がんという病気は、人によって部位も違えば、症状も重さも違います。ひとくくりにして語ることはできません。でも、僕は「共存という形でもいいんじゃないでしょうか」と言いたいのです。

「頑張りすぎちゃいけないよね」

そう声を掛けたいんです。

がん患者はね、誰だって頑張っているんですよ。治りたいと努力しているんです。でも、体力が衰えているのに無理して手術を繰り返したり、頑張りすぎてかえって寿命を縮めて、普通の生活ができなくなる。それは良くないことです。

僕は怠け者の一面もありますから、医師にこう言います。「二週間に一回の抗がん剤治療を三週間に一回にできませんか」「あの飲み薬、飲んだ後、つらくなるので、やめてもいいですかね」

がん患者としては優等生ではないのでしょうが、医者とコミュニケーションが取れるのであれば、相談して、自分にあった抗がん剤治療を進めてもいいのではないかと思います。もちろん、徹底的にがんと闘う人がいてもいいと思います。大事なことは、勝つことではなく、負けないこと。自分らしくがんと向き合うことではないでしょうか。

過剰な配慮

がんを患ってから、いろいろなものが変わりました。周囲との付き合い方もその一つです。ここでは一人のがん患者として、お願いを書きたいと思います。

僕は二〇一七年二月に自分のブログでがんになったことを公表しました。仕事柄、人と会う機会が多いこともあり、しっかりと知らせた方がいいだろうと妻と相談して決めました。

「公表すると嫌なこともあるよ」と息子たちは言いました。でも、僕は隠したくありませんでした。堂々としていたかったんです。だって、病気になることは決して悪いことではないからです。

残念ながら、今の日本ではまるで病気が悪いことのように、過剰な配慮をする人が多いです。例えば、ある人に自分はがんだと明かしたとします。すると、その人は「大変なと

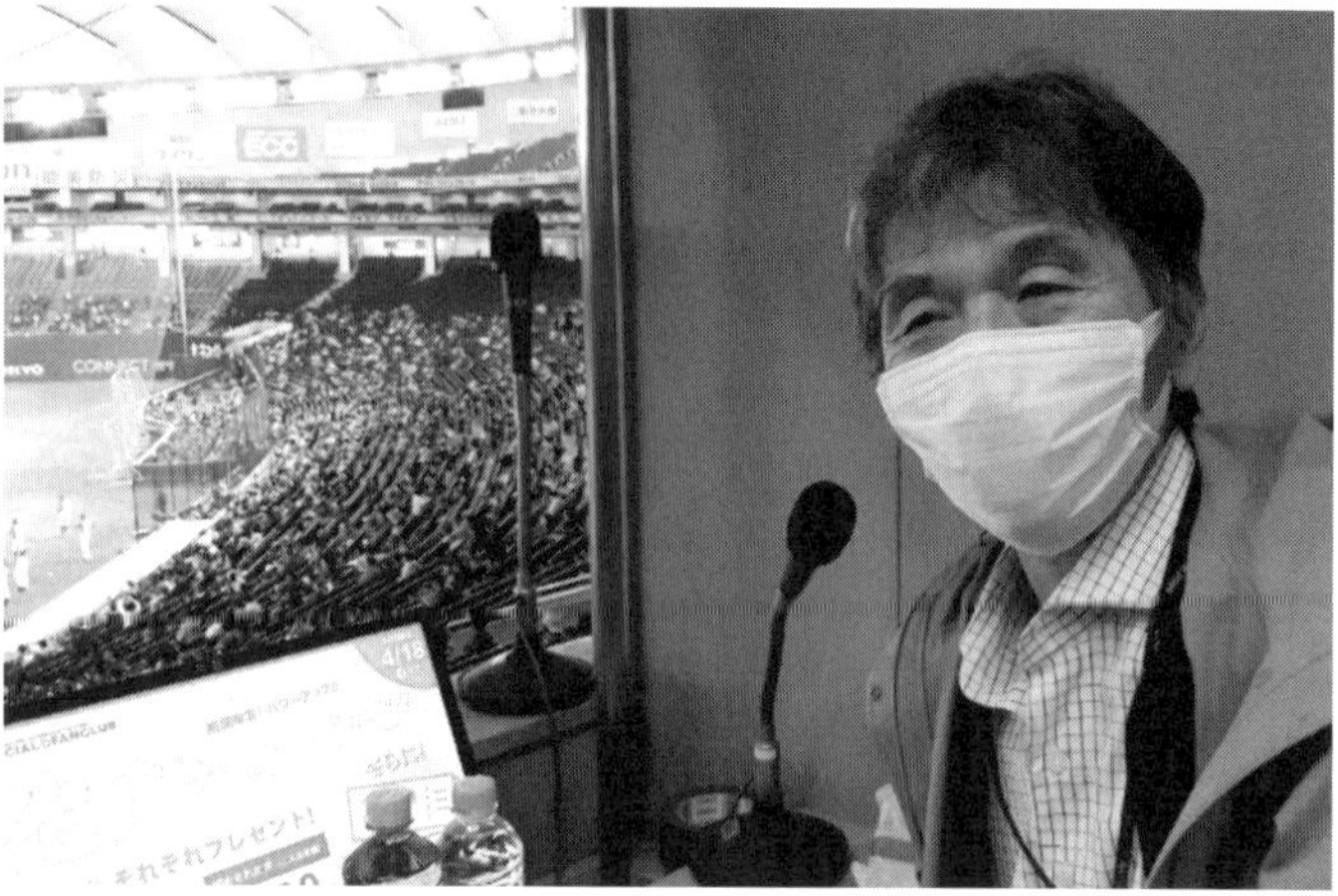

がんでも仕事は生きがい

ころ、失礼しました」と頼もうとした仕事をキャンセルしたり、「体調が悪いのに連絡するのは無神経だろう」と連絡を取らなくなる人がいます。それが逆効果だとも知らないで。

僕たちからすれば、配慮されすぎて、社会から疎外されている感じがするのです。がんなのに公表しない人はそうされたくないから、社会から消えたくないから皆さんに知らせないんです。

病気になったとしても、普段通りでいいんです。特別扱いしないでほしいんです。それが僕の願いです。

確かに抗がん剤治療の後は、体が重いこともありますし、手足もしびれます。入院するときがあったり、体調の悪いときもありますが、そういうときは素直に言います。それなのに、病気を理由に、仕事を頼まなかったり、遠慮するというのは過剰な反応だと思います。

　がん患者にとって一番怖いのは、フェードアウト（徐々に消えていくこと）なんです。可能な限り、今まで通りに接してください。お仕事させてください。がん患者だって普通に仕事がしたいんです。それが今、僕が皆さんにお願いしたいことなんです。

野球人

　行きすぎた配慮をする人がいる一方、自然体で接してくれる人もいました。野球界の先輩・後輩です。僕ががんを明かしたとき、たくさんの野球人から、明るい言葉で励ましをいただきました。

　ブログで公表するより先にがんであることを知らせた人が何人かいます。

　その一人が星野仙一さんでした。

　二〇一六年秋、がんが発覚すると、僕はすぐに星野さんに電話をしました。すると、

「ヤス、どうした。何かあったんだろう。おまえは困ったときしか電話してこないからな」

と言われました。

　僕は自分ががんになったことを説明すると、「そうか。どこで手術をするんだ？　うん、

そこなら大丈夫。心配しなくてもいいぞ。おまえなら大丈夫だ」。余計な心配や、湿っぽい言葉は一切なし。からりと励ましてくれました。

後から知ったのですが、そのとき、星野さん自身も膵臓がんを患っていたんです。ですが、星野さんはそんなことはひと言も言わず、いつもの調子で励ましてくれました。星野さんは一八年に亡くなりましたが、僕はニュースでがんだったことを知って、驚きました。

一方であの人らしいとも思いました。昔から自分が抱えていることは何も言わない。つらいだとか大変だとか、自分の弱さは絶対に見せない人でした。

金田正一さんも忘れられません。一緒に野球教室をしていたこともあり、金田さんに電話をすると、「がん？　何を言っとる！　そんなものは病気じゃない！」。あっけないものでした。

金田さんも一九年にお亡くなりになりましたが、あの方も短く励まして終了。同情や哀れみはありませんでした。

多分、勝負ごとに長年携わってきたからでしょう。プロ野球の仕事は過程が大事で結果は時の運。起きてしまったことをあれこれ言っても仕方がないのです。だから皆、いろいろ聞いたり、変に心配したりはしませんでした。野球人の、気を遣《つか》わない気遣いに救われました。

大島家と「家族ノート」（右）

家族ノート

がんになると、本人はもちろん、家族にも大きな負担がかかります。僕は妻や子どもに迷惑をかけて申し訳ないと責任を感じますし、家族は家族で、自分たちがもっと早く異変に気が付けていればとか、もっとやれることがあるのではないかとか、悩み続けるのです。

こうなると、家族も一種の患者ですよね。僕と同じようにがんに苦しむ「第二の患者」ではないかと思うのです。

手術から三カ月ほどたった二〇一七年のことでした。珍しく長男と妻がけんかをしていました。何が原因かはわかりませんが、なかなか終わりません。

見かねた次男が「約束したよね。お父さんのストレスになるから大声は出さないって」と仲裁し、けんかは終了したのですが、長男は「俺たちにもこういうことが必要だよ」とつぶやきました。

妻も同じ意見でした。「家族とはいえ、マイナスの感情でいっぱいになってしまうこともある。親子なら、けんかするのも当たり前。嫌なことでも我慢せず、吐き出した方がいいと思うの」

がんだからといって我慢しない。思ったことを言う。以降、それが僕たち家族のルールになりました。

そのため、大島家には「家族ノート」というものがあります。僕に内緒で家族三人が作ったもので、口に出せないこと、僕に聞かせられないような日々の思いを共有するために作ったそうです。だから、僕は読んでいません。

そこに答えは書いてありません。日付と書いた人の名前、今、こういう気持ちでいるとか、こういうことがあったとか、それだけを淡々と書くのだそうです。交換日記ではないので、返事もない。ただ、家族がそれぞれの気持ちを書くのです。僕はいいアイデアだと思います。

正直、体調が悪い日もあります。イライラして妻とけんかをする日も少なくありません。それでも言いたいことを言い合って、あるがままに過ごしていく環境が、がん患者には必要だと思うのです。

緩和ケア

皆さんは「緩和ケア」を知っていますか。二〇二一年五月、僕は初めて妻と一緒に緩和ケアを受けてきました。

ずっと誤解していました。緩和ケアというのは、がんが進行して、治療ができなくなった人が苦痛を軽減するためにカウンセリングを受けるところだと思っていたのですが、違ったようです。

治療法だとか薬の性能だとか、病気に関するいろいろな相談ができる場所で、病院によって違うようですが、医師や看護師、臨床心理士、理学療法士、薬剤師ら、相談内容によって担当の方が出てきて、話をしてくれる形を取ってくれるところが多いそうです。

これは助かりました。だって、医師の話って難しいんですよ。専門用語、医学用語が難しくて、よくわからないことが多いんです。それなのに、治療法は患者の僕に決めなさいと言う。わからないのに決められるわけないじゃん。僕はいつもそう思っていました。

医師に一つ一つ説明してもらいたいのはやまやまですが、僕一人で何時間も独占することはできません。また、患者にとって医師は神様で、神様には面と向かって聞けないものです。でも、緩和ケアなら、その不満を解消してくれます。治療にあたっての判断材料をいろいろな形で教えてもらえます。もっと早く教えてもらえればよかったと思いましたよ。

いろいろな意見がありますが、僕は行ってよかったと思っています。

今回は僕よりも妻の方に効果がありました。主治医に遠慮して言えなかったことが、緩和ケアでは言えたのです。「薬の効果がわからない」「この薬は副作用が強いけど、どこまで我慢したらいいのか」など、妻は泣きながら話していました。少しずつ積もった不安や不満が一気に出たような感じでした。

病院へは必ず夫婦一緒に

以前も書きましたが、がん患者の家族も、患者と同じように苦しんでいます。皆つらいんです。

腹水治療

がん治療というのは、良いときと悪いときの繰り返しです。白血球が急に少なくなったり、腫瘍マーカーの数値が上下したりといろいろあります。二〇二一年四月ごろからは腹水がたまるようになったので、六月四日に治療を受けました。

僕が受けた治療は「カート」（ＣＡＲＴ）と呼ばれるもので、「腹水ろ過濃縮再静注法」というのだそうです。難しい言葉ですが、要するに、三、四時間かけてお腹からゆっくりと水を抜いていき、それをろ過して、点滴で体に戻していくという治療です。

腹水は悪いものばかりではありません。大切な栄養分も含まれているので、悪いものだけ抜いて、あとは体に戻すのだそうです。また、腹水を全て抜くと、体のバランスを崩してしまうので、少し残して、残りは利尿剤で出していきましょうということになりました。

それにしても驚きました。このときに抜いてもらった腹水は三リットルほど。でっかいペットボトルよりも大きいんですよ。どうりで重いわけです。妊婦さんの気持ちがよくわかりました。

治療後、食欲が落ちたり、歩くのがつらくなって車いすを使うようになりました。二十

自宅に飾ってある家族と愛犬・祭の写真

一日には肺に影が見えていることを明かしましたが、人生、よいときも悪いときもあります。「元気な大島くんに戻るんだ」という強い気持ちを持つことが大事だと思っています。「負けないでほしい」「一発長打でがんをKOしてください」。皆さんからの声援、僕の元に届いています。うれしいです。ありがとうございます。

しかし、一方で、日本人はがんという病気を特別視しすぎているんじゃないのかなと思います。

病気って誰でも必ずなるものじゃないですか。病気とうまく付き合いながら人生を過ごすというのは、がんであっても変わらないはずです。

健康は善であり、病気は悪であるという考え方は僕はおかしいと思うのです。

闘病

僕が大好きな言葉があります。「子ども叱るな、来た道だもの。年寄り笑うな、行く道だもの」。確か、永六輔さんが広めた言葉だと記憶しています。

人間は誰しも年を取り、遅かれ早かれ、いつか必ず死を迎えます。これだけは、間違いなく平等です。ですが、今の日本は死や病を忌み嫌う習性が強いですよね。語ることすらタブーみたいなところがあるような気がします。

例えば、病気。克服した人はヒーローです。では、闘病を続ける人は？　僕はがんという病気になり、もう四年半以上闘病しているわけですが、そういう人はかわいそうな人ですか？　そんなふうに思ってほしくありません。だって、僕はかわいそうな人ではないからです。

「闘病」という言葉も好きではありません。病を克服した人は勝者で、克服できなかった人は敗者ですか？　違います。敗者なんかではありません。

二〇二一年二月のことでした。元ヤクルトの安田猛さんと会田《あいだ》照夫さんがお亡くなりになりました。両先輩とは何度も対戦させていただきました。チームは違えど安田さんは優しい方で、かわいがってくれました。会田さんはデビュー戦で初ヒットを打たせていただいた先輩です。

お二人は同じ時期に同じ七十三歳という年齢で旅立たれたのですね。寂しいです。先輩、お世話になりました。

安田さんが胃がんを患っていたことを新聞で知りましたが、がんで亡くなられた方に必ずと言っていいほど使われる表現があります。「〇〇年から闘病を続けてきましたが、力尽きました」

僕はこの表現はおかしいと思います。「力尽きた」のではないです。

「闘病」という言葉が「力尽きる」につながるならば、それは違います。

病気に負けた人生ではないのです。

頑張ったのです。

頑張って生きたのです。「〇〇年の人生を頑張って生き抜いた」。新聞にはそう書いてほしいと思います。

中傷

二〇一七年二月、僕は自分のブログで「大腸がんのステージ4」と宣告されたことを明かしました。自分が予想するより多くの反響があり、戸惑ったことを覚えています。

実は家族からは反対されました。「応援してくれる人ばかりじゃないよ。誹謗《ひぼう》中傷とか、悪意ある反応もあるよ」。それでも僕は公表することにしました。

がんになることは悪いことなの？

隠さなければいけないことなの？

そう思ったからです。

がんになったからといって、僕は何も変わっていません。僕は僕です。大島です。うつむいたり、引きこもって生きるのは嫌でした。

皆さん、がんという病気を特別視しすぎていませんか？　病気って生きていれば必ずかかるものじゃないですか。誰だって風邪をひいたり、腹痛になりますよね。でも、うまく付き合いながら、生活していますよね。がんも同じです。病気とうまく折り合いを付けて生きていくのが普通のことだと思うのです。

以前も伝えましたが、健康な人は善で、がん患者は悪というのは偏見です。間違ったイメージです。それを少しでも直したい、がんへの正しい知識を身に付けてもらいたい。それが僕がブログにがんの話を書く理由であり、ここで記す理由です。僕の考えをわかってもらえるとありがたいです。

ブログには連日のように読者からの書き込みがあります。励みになりますが、中には残念ながら、見なければよかったというものもあります。

「草葉の陰から応援しています！」「ご自身の病気の心配をしてください。今年の梅雨をじっくり味わってください」。どうしてそこまで書くのでしょう。

現役時代、やじられるのに慣れている僕でも、不安になります。妻も家族も傷ついています。言葉で人を傷つけるのは本当にやめていただきたい。がん患者だって一生懸命生きているのです。

がん友

悪口を書かれる一方、温かい言葉をいただくこともあります。二〇二一年六月、治療を続ける僕に歌舞伎俳優の市川海老蔵さんから、励ましのコメントが届きました。

「ご回復を心から祈ってます」「妻の代わりにコメントさせていただきました」「転移に負けないでください」

一つ一つの言葉に、感謝と感動の気持ちでいっぱいになりました。

海老蔵さんと奥さまの小林麻央さんとは一七年に知り合いました。知り合ったというよりも、一方的にこちらが反応しただけなのですが。

この頃、僕たち家族は闇の中にいました。僕は「がんになってしまって申し訳ない」と後悔し、妻と子どもたちは「もっと早く異変に気が付いていれば」と自分たちを責めていました。

そんなとき、妻が麻央さんのブログにこんな言葉を見つけ、教えてくれたのです。「がんになったのは誰のせいでもないよ」。麻央さんもがんに苦しんで、悩んで、この言葉にたどり着いたのでしょう。「誰のせいでもない」。僕たちはこの言葉に救われました。

感謝の気持ちを僕のブログに記したところ、何と麻央さん本人から反応がありました。そこから、ブログを通じて麻央さんや他のがん患者の方と交流が始まりました。僕の世界や考え方が少しずつ変わっていきました。

がんについて僕が語ってもいいのだろうか。この頃、

自宅のパソコンでブログを更新する

自信が持てなくなっていました。でも、麻央さんはありのままをブログでつづっていて、僕はそのブログを読んで救われました。自分もそうなりたい。少しでもがんにかかった人の役に立ちたい。そう思えたのです。

僕は僕と同じようにがんと闘っている人を勝手に「がん友」と呼んで、交流を続けています。がんになったことで、新たな縁に恵まれました。今、このタイミングで読者の皆さんとつながることができたのも、一つのご縁かもしれません。僕の経験は皆さんのお役に立てていますでしょうか。

シンプルに生きる

僕はがんになって、多くを望まなくなりました。おいしいご飯を食べて、家族と話ができて、大好きな野球の仕事ができる。そんなこれまで通りの暮らしができれば、それでいい。シンプルに生きたいと思っています。

シンプルが一番です。思えば、これまでの人生、複雑だったり、ややこしかったものが、よかったためしがありません。例えば、野球のサイン。以前、サインが覚えられなかった話を書きましたが、他にも笑える話があるんです。

コーチや監督が体のあちこちを触って作戦を伝えるブロックサインってありますよね。あれって複雑そうに見えてそうでもないんです。オーソドックスなのが場所と順番を決めておくもの。例えば、肩が盗塁、頭がバントなどと決めておき、「今日は帽子を触った後に触ったところ」としておけば、コーチは帽子の次に頭を触ってバントのサインを出すのです。コツさえつかめばわかりやすいのですが、日本ハム時代の近藤貞雄監督はとんでもないサインを考えました。

足し算引き算なんですよ。肩から上に手が挙がったら足し算、肩から下なら引き算。これにはホント、参りました。

例えば、右手で３本の指をつくって上に挙げます。その後、下に２本の指を出す。すると、３引く２で１になる。事前に「今日は１がバントだぞ」と決めておくのですが、これを連続で５－５＋３－２＋１とか出されると、「あれ、ちょっと待てよ」ってわからなくなるんですよ。試合中ですからね。外国人なんて「オーノー！」って頭抱えてましたよ。

プロ野球では昔からサインを盗まれないようにするために、対抗手段を考えてきました。この足し算引き算、画期的といえば画期的でしたが、味方がわからなければ意味がないですよね。選手から文句が出て、すぐになくなりました。

野球も人生もシンプルが一番です。

後輩たちへ

野球でシンプルに考えるとはどういうことか。ここでプロ野球の後輩たちに向けて書きましょう。特に僕がお世話になった中日と日本ハムの選手たちに読んでもらいたいなと思っています。

選手たちは一生懸命やってますよね。オフもないくらい練習もしています。ただ、意気込みを聞くと、「レギュラーを獲る」「一年間一軍にいる」しか出てこない。それが寂しいんです。

そんなのは誰もが思っていることなんですよ。そんなんじゃない。俺の良さはこうだから、これを絶対に認めさせてやるぞと、そういう感じで自分を磨いていかないと。地元のスーパースターで満足している選手はいらないんです。

少し厳しいことを言いますね。

どちらの選手も恵まれているんです。給料の面でも、町中を歩いても、いろんなことしても恵まれてますよ。そこに甘えはないと言いながら、名古屋地区と北海道地区の選手に対するリスペクトがすごすぎて、自分たちに甘くなっている。そんなふうに見えます。

やるからには一番を目指す。圧勝、完勝で頂点に立つ。それが野球におけるシンプルな目標なんです。そういう気概を持ち続けて、上への階段を上っていかないと、勝てません。そこの思い違いをしてほしくないんです。

例えば、二〇一七年から四年連続で日本一になったソフトバンクをみてください。どこがきてもかなわないくらいのチームだったじゃないですか。古くはＶ９時代の巨人、八〇年代から九〇年代の西武。彼らは一打席、一つのゴロ、一つの走塁、一つの送球について、危機感を持って全員がやっている。そういう選手がこれから何人出てくるか。何人集まってくるかですよ。

もちろん、選手だけではそうなることはできません。日本一になるんだという思いをフロントと共有するんです。

そして、新聞も甘えを許さない。

新聞が紙面で手放しで選手を褒めれば、読んでいる選手は自分をスター選手だと勘違いしますからね。チーム、フロント、新聞社がそこをシビアにやれるようになったときに、常勝というものが付いてくると思います。期待しています！

忘れ上手

さて、ここからは僕の人生訓をいくつか紹介することにしましょう。

僕は二十六年間、プロ野球の世界で戦ってきました。努力を重ねても、実るときもあれば、裏切られることもありました。だからでしょうか。世の中、できるものしかできない、なるようにしかならないだろうと思っています。

生きていて、自分でコントロールできることってそんなにないと思うんですよ。だったら、流れる雲のごとく、流れる川のごとく、そのときそのときを生きる。それが極意だと思うんです。

僕はよく言うんです。「究極は忘れることだ」って。負けたら悔しいですよ。打てなかったら自分を責めます。でも、球場から家に戻る間に忘れる。一晩寝たらすっかり忘れる。それができる人は強いと思っています。

忘れろといっても人はなかなか忘れられません。あのとき、ああしておけば。何であんな間違いをしたのだろう。ずっと頭の中でグルグル考えます。

でも、間違えない人なんていないんです。そして、いつまでもそこにいたって仕方がないんです。無理にでも忘れて次にいく。それが人生なんです。

見逃し三振した打者は次の打席で初球を必ず振るんですね。これはバッター心理ですが、それでいいんです。学校ではよく考えろと教えますが、時には深く考えずに行動することも必要。ホラも吹くし、空《から》元気を出す。失敗にとらわれちゃいけないよね。そう言いたいのです。

プロ野球では「他人のせいにできる監督は一流だ」という格言があります。他人のせいにして忘れるというのは無責任ですが、名言ではありますよね。

「忘れ上手は生き方上手」といいます。一打席一打席、新たな気持ちで臨むように、いいことも悪いことも、がんになったことさえもこだわらずに、一瞬一瞬を生きていけたらと思うのです。

QOL

「QOL」という言葉を知っていますか？　Quality of Life（クオリティー・オブ・ライフ）の略で「人生の質」「生活の質」と訳されることが多いようです。考えてみれば、僕はがんになってから、このQOLにこだわって生きてきたように思えます。

人生の目的って何だろう。

QOLを知って、考えたことがありました。出世？　それとも、お金儲《もう》け？　どちらも不正解ではありません。考え方は人それぞれですから。でも、僕は「良き理解者に巡り合えるかどうか」ではないかと思っています。

良き理解者といえば、僕の場合は家族です。人によっては友人や両親、上司や同僚という方もいるでしょう。いずれにしても、自分という人間を知って、受け入れてくれる人と出会うことができるかどうかではないかと思います。

大島家はよくけんかをします。妻とは三日間も口をきかないことがあります。僕の性格上、素直に「ごめんなさい」とは言えないんですね。

そんなときでも、家族は理解してくれているので、何かの拍子にパッと元に戻れるんです。余計な言葉はいりません。そういうことが幸せだと思うのです。

僕は自分の家族が大好きです。

妻の奈保美さんへ。照れくさいので本人の前では言えませんが、いつまでもそばにいてもらいたい人です。長男へ。昔は怒ってばかりでしたが、最近はしっかりしてきましたね。頼もしい。次男へ。泣き虫だからまだ心配かな。でも、頑張り屋さんです。三人とも自慢の家族です。僕はこの家族に出会えて本当に幸せでした。

僕だって将来を考えるのは怖いです。でも、終わりを予測して心配するのに意味はないんです。だったら、自分を理解してくれる人たちと一緒に、今ある毎日のことを自分らしくやっておけば、それでいいんじゃないかと思うのです。

何年生きたかより、どうやって生きたかが大事だと思うのです。

フルスイング

さて、長い間おつきあいくださった僕の物語ですが、どうやらこのあたりでお時間となったようです。元気と負けん気だけでやってきた僕の人生です。湿っぽいのは苦手なので、最後は明るく前向きに締めくくることにいたしましょう。

僕は野球教室で子どもたちに打撃を教えるとき、「振りなさい」と言うんです。「振りきりなさい」とね。振らなければボールには当たりません。どこに打ち分けるかなんて後からやればいい。まずは思いきり振ることだと伝えます。

だって、当てにいっても面白くないでしょう？　子どもなら思いきり打って、遠くに飛ばしたいはず。「ヒットを打つなら、三遊間の深いところをゴロで狙え」と教える指導者がいますが、あのイチロー選手だって、練習ではガンガン引っ張って打っているんです。

思いきり振ることから全ては始まるのです。

人生もそうではないでしょうか。

打球の行方と同じように、人の命や運命なんて、誰もわからない。本人だってわからない。だから、そのときそのときで精いっぱい振る。思いきり振りきる。そんな人生ならいいなと思うんですよね。僕はそんな生き方を子どもたちに教えたいと思います。

がんで余命一年と宣告されてから、寿命について考えたことがありました。

誰にだって寿命はあります。そのときがいつになるのかわかりません。しかし、僕はそのときがきたとしても、がんに負けたとか、力尽きたとか、そんなふうには絶対に思いません。考えもしないと思うんです。

僕は振りました。振りきった人生でした。一生懸命やったのがこの年齢、精いっぱい生ききったところがここまでだったって。そう感じると思うんですよね。

人生、フルスイング！

泣いたり、笑ったり、思いきりやればそれでいいんです。

下を向いても、何も落ちていません。

さあ、今日も顔をあげていきましょう。

最後まで読んでいただき、本当にありがとうございました。

人生、フルスイング！

この命を生ききる

（大島康徳ブログ「この道」2021-07-05）

この先の人生　何かやりたいことがあるか？と　真剣に考えてみたけれど
特別なことは　何も浮かばない（笑）
高校を卒業して　プロ野球選手としての　人生をスタートし
この年になるまで
野球一筋、野球人として　生きることができた。
皆様のおかげです。
どうもありがとう。
そりゃ辛いことも　あったけど
それ以上に
この世界にいなければ　得ることが　できなかったであろう
ファンの方からの声援や　感動や喜びを　たくさんいただいた。
貴重な経験も　たくさんさせて頂いた。
よき先輩、よき後輩　よき仲間、よき家族に恵まれ

美味しいものをよく食べて　旨い酒をよく呑んで　大いに語らい　大いに笑い
楽しいこと　やりたいことは　片っ端からやってきた。
楽しかったなぁ……
これ以上何を望む?
もう何もないよ。
幸せな人生だった
命には　必ず終わりがある
自分にもいつか　その時は訪れる
その時が　俺の寿命
それが　俺に与えられた運命
病気に負けたんじゃない
俺の寿命を　生ききったということだ
その時が来るまで
俺はいつも通りに　普通に生きて
自分の人生を、命を　しっかり生ききるよ

大島康徳

大島康徳の生涯成績

打撃成績

年度		試合	安打	打率	本塁打	打点
1971	中日	74	49	.203	7	22
72		124	89	.230	14	38
73		117	76	.241	13	42
74		112	66	.258	11	46
75		91	45	.278	4	23
76		123	63	.251	11	33
77		126	144	.333	27	71
78		98	99	.281	15	47
79		130	159	.317	36	103
80		108	90	.251	18	46
81		130	141	.301	23	81
82		124	112	.269	18	60
83		130	137	.290	※36	94
84		130	132	.280	30	87
85		101	90	.265	23	56
86		110	88	.260	20	45
87		111	76	.269	15	49
88	日本ハム	130	136	.276	15	63
89		130	122	.265	18	59
90		110	96	.267	11	50
91		120	101	.251	10	61
92		98	61	.258	5	28
93		47	11	.262	0	8
94		64	21	.323	2	22
		2638	2204	.272	382	1234

※はタイトル獲得

監督成績（日本ハム）

年度	順位	試合	勝利	敗戦	引分	勝率
2000	❸	135	69	65	1	.515
01	❻	140	53	84	3	.387
02	❺	138	59	76	3	.437
計3年		413	181	225	7	.446

（02年は2試合出場停止）

感謝を込めて

早いもので、夫、大島康徳が亡くなってから一カ月ほどがたとうとしています。いまだに夫がいなくなってしまったことが実感できずに、心の中の夫と話をするときがあるのですが、今日は「ねえ、パパ。あなたの書いた新聞の連載が本になったよ」と報告したいと思っています。

きっと、空の上で喜んでくれていると思います。あれは二〇二一年六月三十日のことでした。夫は二十八日夜から東京都内の病院に入院していたのですが、この日の午前八時すぎ、家族に見守られる中、静かに眠るように旅立ちました。

夢を見るようにといったらいいのでしょうか。眠っているようにしか見えない夫の呼吸が徐々にゆっくりになっていくのがわかりました。

「ありがとうね」と子どもたちと代わる代わる声を掛けました。それからまもなく、夫は天国へと旅立ちました。

私たち家族が名残を惜しむ暇もなく、さっさと逝ってしまうなんて、あの人らしいと思います。おそらく、見送られるのが照れくさかったのでしょう。

皆さまのイメージはどのようなものかわかりませんが、夫はすごく照れ屋でした。あの人から愛情表現や感謝の気持ちを伝えられたことは数えるほどしかありません。

ですから、驚きました。今回の連載には私たちが聞いたことのない言葉が書かれていたからです。特に「自慢の家族です」「僕はこの家族に出会えて幸せだった」というくだりは「そんなふうに思ってくれていたんだ、だったら、早く言ってよぉ」と息子たちが泣き笑いになりました。それでもあの人の気持ちの一端を知ることができたこと、また、あの人の思いをこうやって形になって残すことができたことに感謝しております。中日新聞様、東京新聞様。このたびは本当にありがとうございました。

二〇年秋に東京新聞の記者の方から自伝連載の話を持ち掛けられて以来、夫はとても生き生きとしておりました。

特に野球のことを話すときはうれしそうで、何時間でも話をしていました。「あぁ、この人は本当に野球が好きなんだ、仕事が大好きなんだ」と、夫の熱い思いを再確認したところです。

不思議なのですが、三十五年以上前、初めてあの人から電話がかかってきたとき、なぜか、懐かしい感じがしたんです。昔からよく知っているような、それでいて特別な人のような。

デートのときは、ご飯をおいしそうに食べるし、お酒は豪快に飲む。生き生きしているんです。いつも楽しそうで、私は少年と話をしているような感覚でした。

不器用ですし、忖度《そんたく》もしませんし、照れ屋なので無愛想になりがちでしたが、私は夫が人の悪口を言っているところを一度も聞いたことがありません。また、誰か困っている人がいたり、悩んでいる人がいると、いつも明るく励ましていました。自分のことは言い訳したり、こだわったりしないのに、人のことになると動く人でした。カッコいい人でした。

夫は本書の中で「僕は振りました。振りきった人生でした」と申しております。また、亡くなる二カ月ほど前には「生ききった」とも語っていました。悔いのない人生だったと思います。私は夫と一緒にいられて幸せでした。

野球選手として、そしてがん患者として最後まで頑張り抜いた夫を私は尊敬しております。大島康徳という一人の男が、不器用に無骨に必死にプロ野球界を生き抜いたということを、皆さまの記憶の中にとどめていただけたら幸いです。ご縁があって、この本を買っていただいた皆さま、大島康徳を応援してくださった皆さま、夫に代わってお礼を申し上げます。本当にありがとうございました。

二〇二一年七月吉日　　大島奈保美

大島康徳（おおしま・やすのり）

1950年、大分県生まれ。69年に中津工からドラフト3位で中日入り。74年、82年と二度のリーグ優勝に貢献した。83年には本塁打王のタイトルを獲得。88年に日本ハムに移籍し、90年に通算2000安打を達成。94年に引退した。2000年から02年までは日本ハムで監督を務めた。06年には第一回ワールド・ベースボール・クラシック（WBC）で王貞治監督の下、日本代表の打撃コーチを務め、世界一に貢献した。16年に大腸がんのステージ4で余命一年であることが判明。21年6月30日に逝去した。

◎コラム執筆・構成　谷野哲郎

振《ふ》りきった、生《い》ききった
「一発長打《いっぱつちょうだ》の大島《おおしま》くん」の負《ま》くっか人生

2021年8月30日　第1刷発行
2021年9月10日　第2刷発行

著者　大島康徳《おおしまやすのり》
発行者　岩岡千景
発行所　東京新聞
〒一〇〇-八五〇五　東京都千代田区内幸町
二-一-四　中日新聞東京本社
電話［編集］〇三-六九一〇-二五二一
［営業］〇三-六九一〇-二五二七
FAX　〇三-三五九五-四八三一
装丁・組版　常松靖史［TUNE］
印刷・製本　株式会社シナノ パブリッシング プレス

ISBN978-4-8083-1064-6　C0095
JASRAC 出 2106223-102